눈이깊은아이 철학을 말하다 02

세계인권선언을 들여다보면 자유, 존엄, 평등, 형제애란 보편의 가치들이 나옵니다.
노란 학원 버스를 타는 우리 아이들은 저 단어들을 보면 무슨 생각을 할까요?
아이들이 현실 감각을 키워가며 보편의 가치를 자유롭게 말하는 시간,
눈이깊은아이가 함께 하겠습니다.

참고한 자료는 다음과 같습니다. 에밀 졸라가 드레퓌스 사건 당시 발표한 팸플릿과 신문에 기고한 글들을 바탕으로, 《드레퓌스 사건과 에밀 졸라 니콜라스 할라즈, 황의방 옮김》, 《나는 고발한다 에밀 졸라, 유기환 옮김》, 《실험소설 에밀 졸라, 유기환 옮김》을 참조했습니다. '철학 만나기'와 '생각 넓히기'는 심화 연구 읽기 코너입니다.

프롤로그

대리석으로 조각된 웅장한 연회장 앞으로 화려한 마차들이 연이어 멈춰 섰다. 마차에서 내린 이들은 프랑스의 이름 난 학자들과 정치인들, 예술가들이었다. 하지만 연회장 앞에 구름떼처럼 모여든 사람들이 기다리는 이는 따로 있었다.

행사 시간이 다 되어 갈 무렵, 한 대의 마차가 연회장 앞에 멈춰 섰다. 마차의 문이 열리더니 한 노인이 느릿느릿 마차에서 내렸다. 노인은 코 위에 걸친 안경을 매만지더니 연회장 앞에 모인 사람들은 바라보며 빙긋 미소를 지었다.

박수와 환호소리가 터져 나왔다.

"에밀 졸라 선생이다!"

"축하해요, 졸라."

"프랑스의 위대한 작가, 에밀 졸라. 만세!"

사람들이 기다린 이는 바로 이 노인, 에밀 졸라였다. 에밀 졸라는 흐뭇한 표정으로 고개를 끄덕였다.

노인은 환호와 박수를 받으며 연회장 안으로 걸어 들어갔다.

연회장 안에서는 수많은 귀빈들이 에밀 졸라를 기다리고 있었다. 프랑스의 내로라하는 인물들인 그들은 모두 자리에서 일어나 에밀 졸라에게 존경의 박수를 보냈다.

"여러분, 오늘은 위대한 날입니다. 프랑스를 대표하는 세계적인 작가, 에밀 졸라 선생께서 〈루공 마카르〉 시리즈의 마지막 작품 〈파스칼 박사〉의 출판기념회를 여는 날이기 때문입니다. 〈루공 마카르〉는……."

에밀 졸라는 사회자의 말을 들으며 지그시 눈을 감았다. 지난날 일들이 꿈처럼 머릿속을 스쳐지나갔다. 가난했던 젊은 시절, 수많은 실패와 좌절들, 첫 작품을 냈을 때의 기쁨…….

"오늘 이 자리는 온 프랑스가 에밀 졸라 선생께 존경과 축하를 보내는 자리입니다. 그러면 이 자리에 에밀 졸라 선생을 모셔보도록 하겠습니다. 에밀 졸라 선생님."

에밀 졸라는 연단으로 올라갔다. 사람들은 숨을 죽이고 에밀 졸라를 바라보고 있었다. 에밀 졸라는 잠시 그들의 얼굴을 물끄러미 바라보았다. 그리고 감격에 젖은 목소리로 말했다.

"〈루공가의 운명〉을 썼을 때가 떠오르는군요. 〈루공 마카르〉 시리즈의 첫 책이었지요. 그때 저는 스물여덟 살의 가난한 청년이었습니다. 춥고 좁은 방에서 손을 호호 불며 그 책을 썼지요. 그리고 20여 년의 세월이 쏜살처럼 흐른 지금, 저는 〈루공 마카르〉 시리즈의 마지막 책을 세상에 내놓겠다며 이 자리에 섰습니다."

에밀 졸라는 애정 어린 눈빛으로 사람들을 바라보았다.

"저는 이 자리를 빌어 여러분께 감사를 드리고 싶습니다. 위대한 나라 프랑스의 국민인 여러분께 말입니다. 저는 프랑스왕립학회의 회원이 되는 영광을 누렸고, 이 나라의 위대한 인물들만이 안장된 팡테옹 묘지에 묻힐 자격을 얻었고, 세계적인 작가가 되었습니다. 저는 진실을 썼습니다. 그 진실의 힘 덕분에 제가 이 자리에 서 있는 것입니다. 그래서 제가 여러분께 감사를 드리는 겁니다. 그 진실의 힘이 바로 여러분에게서 나온 것이기 때문입니다. 여러분들이 가꾸어 온 이 나라 프랑스에서 나온 것이기 때문입니다. 감사합니다. 한없는 존경과 사랑을 표합니다."

에밀 졸라가 고개를 숙였다. 뜨거운 박수가 쏟아졌다.

에밀 졸라는 이제 더 이상은 바랄 게 없다고 생각했다. 온 청춘을 바쳐 쓴 작품을 끝맺었고, 이렇게 영광스러운 자리에까지 올랐다. 에밀 졸라는 평온하고 행복한 여생이 자신을 기다리고 있다고 생각했다.

하지만 그는 까맣게 모르고 있었다. 자신과 프랑스의 앞날에 어떤 위험이 기다리고 있는지, 어떤 예상치 못한 불의가 도사리고 있는지 말이다.

에밀 졸라

에밀 졸라는 19세기 프랑스의 소설가입니다. 1840년 파리에서 태어나 30여 편의 작품을 남겼습니다. 그는 한 개인보다는 집단을 묘사하는 데 뛰어났으며 인간 심연을 적나라하게 파헤쳤습니다. 그는 소설이 인간 생활의 개선과 진보에 도움이 될 것이라고 믿었으며, 일종의 사명감으로 사회 진실에 다가갔습니다. 그의 소설엔 끊임없이 변하는 사회적 환경 속에서 살아가는 인간이 나오는데, 그가 드레퓌스 사건에서 본 것도 그런 인간의 모습이었을 것입니다. 대표작으로는 〈테레즈 라캥〉, 〈목로주점〉, 〈제르미날〉 등이 있으며, 대부분의 작품은 '제2제정 하의 일가족의 자연적·사회적 역사'라는 부제를 달고 계획한 〈루공 마카르〉 시리즈에 속합니다. 이 시리즈는 총 20권으로 20여 년에 걸쳐 완성했습니다.

드레퓌스

드레퓌스는 유대인 출신으로 19세기 프랑스의 군인으로 복무했습니다. 그는 독일 국경 근처 알자스 지방의 한 도시에서 방직공장을 운영하는 집안에서 태어나 자랐습니다. 그런데 1870년 독일이 프랑스와 전쟁을 벌여 알자스 지방을 점령했습니다. 드레퓌스는 이를 안타까워했으며, 유대인이지만 군인으로서 프랑스에 봉사하기로 결심했습니다. 그는 성실히 임무를 수행하고 진지했지만, 말수가 적고 융통성이 모자라 동료 사이 인기가 없었습니다. 하지만 조국 프랑스에 대한 헌신과 충성심으로 모든 어려움을 이겨 나가고 있었습니다. 그러던 중 대위로서 참모 본부 근무를 하던 중 독일에 군사 기밀을 팔았다는 스파이 혐의로 체포되었으며 재판을 받고 수감돼 무기 징역을 선고 받았습니다.

유대인

유대인은 유대교의 가르침들을 지키고 믿으며 유대인의 문화를 이어받은 사람들을 가리킵니다. 유대인은 역사적으로 많은 박해를 받았는데, 그 근거 중 하나는 유대인이 '예수를 죽인 민족'이라는 것이었습니다. 이는 2세기경 로마 카톨릭이 내린 규정입니다. 20세기 초 자행된 히틀러를 중심으로 한 유대인 학살 역시 그 이유 중 하나로 이것을 내세웠습니다. 이는 유럽을 중심으로 이뤄졌고, 드레퓌스 대위가 있던 프랑스도 예외는 아니었습니다. 이들은 이러한 박해를 피해 세계 각지로 흩어졌습니다. 2차 세계대전 이후 팔레스타인 지역에 정착해 이스라엘이란 국가를 건국했지만, 외교적인 갈등은 현재까지 이어져 오고 있습니다.

프랑스

프랑스의 정식명칭은 프랑스공화국이며, 수도는 파리입니다. 프랑스어를 쓰며 면적은 한반도의 2.5배이고 유럽연합 5분의 1의 넓이입니다. 에펠탑으로 상징되는 화려한 모습이 있는 반면 도시 아래 지하철을 타려고 내려가면 쾌쾌한 냄새가 올라오기도 합니다. 프랑스는 루이 14세, 나폴레옹 등 권위적인 절대 왕정을 경험했고, 왕을 단두대에 올리고 자유 · 평등 · 박애라는 이념으로 입헌의회제와 공화제를 수립해 시민혁명을 완성하기도 한 나라입니다. 19세기 후반 프랑스는 자본주의가 발전하고 산업사회가 본격화 되면서 내부적으론 사회 모순이 나타났고, 외부적으론 독일을 중심으로 전쟁 위험 상황에 놓여 있었습니다. 드레퓌스 사건은 그런 프랑스의 모습을 단적으로 나타내며, 당시 프랑스 사회의 광기를 보여줍니다.

차례

프롤로그 6

1화 **어느 날 갑자기** · 17

2화 **너는 스파이다** · 27

3화 **의문의 파란 엽서** · 39

4화 **거짓이 진실을 노리다** · 48

5화 **허무한 분노** · 58

철학 만나기 70

6화 **나는 고발한다** · 72

7화 **졸라를 죽여라** · 83

8화 **진실을 향한 외침** · 98

9화 **드레퓌스 대위** · 105

에필로그 110
생각 넓히기 112

1화
어느 날 갑자기

  평소와 다름없는 한가로운 저녁 시간이었다.
  프랑스 참모본부 소속의 알프레드 드레퓌스 대위는 군복을 갈아입지도 않은 채 가족들과 즐거운 시간을 보내고 있었다.
  "각하, 적군이 쳐들어오고 있습니다!"
  장난감 놀이를 하던 아이가 진지한 표정으로 말했다. 드레퓌스는 아이 옆에 앉았다.
  "이런. 큰일이구나. 얼른 포를 쏴. 기회를 놓치면 우리 프랑스군이 당하고 말 거야."
  "프랑스군은 당하지 않습니다, 각하! 발사!"

아이가 장난감 대포를 쏘자 줄지어 서 있던 장난감 병사들이 와르르 쓰러졌다.

"봤죠?"

"하하하. 넌 정말 훌륭한 장군이구나. 단번에 적군을 물리쳤어."

집안 가득 웃음소리가 넘쳐났다. 주방 쪽에서 고기 익는 냄새와 고소한 스프 냄새가 모락모락 피어올랐다. 하녀가 문을 두드렸다. 드레퓌스는 저녁식사 준비가 다 된 모양이라고 생각했다.

"총독부에서 사람이 왔어요. 마님."

하녀의 말에 드레퓌스는 고개를 갸웃거렸다. 늦은 시간에 별일이라고 생각했다.

"총독부에서? 들어오라고 하게."

군복을 입은 남자가 거실로 들어왔다. 남자는 드레퓌스 대위에게 경례를 했다.

"드레퓌스 대위 되십니까?"

"그렇소."

"급한 편지입니다."

남자는 짤막하게 말한 후 드레퓌스에게 편지 한 통을 건넸다. 드레퓌스는 안경을 쓰고 편지를 펼쳐보았다.

"무슨 일이에요?"

아내 루시가 물었다.

"명령서야. 내일 아침 9시까지 사복을 입고 총독부로 오라고 하는군."

"사복을 입고요?"

"그래."

"이 시간에 갑자기 명령서라니 좀 이상해요. 그것도 군복이 아니라 사복을 입으라니……."

루시가 걱정스러운 표정으로 말했다.

"당신은 걱정이 너무 많아서 탈이라니까. 여보. 난 장교야. 그것도 참모장교지. 집으로 명령서가 올 수도 있는 거라고. 사복 검사라도 할 모양인가 보지."

드레퓌스는 대수롭지 않게 말하고는 아내를 꼭 안아주었다.

드레퓌스는 성실한 장교였다. 프랑스 군대에서 유대인 출신 참모장교는 드레퓌스뿐이었다. 그런 그에게 도대체 무슨 일이 생긴단 말인가? 루시는 이내 안심한 표정으로 드레퓌스의 뺨에 입을 맞추었다.

다음 날 아침, 드레퓌스는 명령서대로 사복을 입은 채 총독부로 갔다. 정보부 소속의 디파티 소령이 그를 기다리고 있었다.

"아아."

책상에 앉아 편지를 쓰던 디파티 소령이 펜을 떨어뜨리며 고통스러운 듯 신음했다.

"소령님. 괜찮으십니까?"

"장군님께서는 곧 오실 걸세. 그 전에 드레퓌스. 포병연대에 보낼 중요한 편지가 있는데 말이야. 자네가 대신 써줄 수 있겠나? 내 손이 이래서 말이야."

디파티 소령이 붕대가 감긴 검지손가락을 들어 보이며 말했다.

드레퓌스는 창가에 있는 조그만 책상에 앉았다. 디파티 소령은 편지의 내용을 부르기 시작했다.

"제가 훈련을 가기 전에 드렸던 문서를 급히 돌려받아야 합니다. 포병 연대의 무기들이 적힌 노트와 120미리 대포의 수압식 제동기……."

디파티 소령이 고개를 갸웃거리며 말했다.

"그런데 드레퓌스 대위. 왜 그렇게 손을 떠는가?"

"제가요? 추워서 그런가 보죠."

드레퓌스 대위는 웃으며 대답했다. 그러나 디파티 소령은 웃지 않았다.

"조심하게. 이건 매우 중요한 편지일세."

디파티 소령은 굳은 목소리로 말했다. 그는 다시 부르기 시작했고, 드레퓌스는 침착하게 받아 적었다.

그때 갑자기 믿을 수 없는 일이 벌어졌다. 디파티 소령이 드레퓌스의 어깨를 움켜쥐며 소리친 것이다.

"법의 이름으로 자네를 체포하겠다!"

드레퓌스는 깜짝 놀라 디파티 소령을 올려다보았다.

"네?"

커튼 뒤, 문 뒤에서 사람들이 튀어나와 드레퓌스의 양 팔을 움켜쥐었다. 그들은 드레퓌스를 잡은 채 몸을 수색하기 시작했다. 드레퓌스는 소리쳤다.

"체포라니요? 이게 도대체 무슨 소립니까?"

"정말 뻔뻔하군. 나라를 배신한 주제에 끝까지 모른 척할 텐가?"

"배신?"

디파티 소령은 권총을 꺼내 책상 위에 올려놓았다.

"명예롭게 죽을 기회를 주도록 하지."

디파티 소령은 권총을 내려다보았다. 드레퓌스도 권총을 바라보았다.

드레퓌스는 할 말을 잃어버렸다. 프랑스 군대는 드레퓌스가 반역죄를 저질렀다고 확신하고 있었다. 책상 위에 놓인 권총이 그 사실을 말해주고 있었다. 뭔가 엄청난 죄목이, 드레퓌스 자신으로서는 알 수도 없는 죄목이 그의 목에 걸리고 만 것이다.

'이게 도대체 어떻게 된 일인가?'

드레퓌스는 감방 창살에 머리를 기댄 채 생각하고 또 생각했다.

아무리 생각해도 알 수가 없었다.

디파티 소령은 드레퓌스에게 국가를 배신했다고 했다. 프랑스와 독일은 한 차례 큰 전쟁을 치뤘다. 두 나라가 서로에게 첩자를 심어 두고 있다는 것은 모두가 다 아는 비밀, 비밀 아닌 비밀이었다. 그래서 참모본부의 정보국은 오랫동안 첩자를 찾기 위해 애써 왔다.

'하지만 왜 나를?'

드레퓌스는 고개를 저었다. 참모본부 전체를 통 털어 가장 의심을 받지 않을 사람 한 명을 꼽으라면 그건 단연코 드레퓌스 자신이었다. 그는 군대와 집밖에 모르는 사람이었다. 다른 장교들처럼 파티에 참석하지도 않았고, 딱히 만나는 친구가 있는 것도 아니었다. 술집을 드나드는 일도 없었다. 그런데 지금 정체를 알 수 없는 누명을 뒤집어쓴 채 감방에 갇혀 있다. 그것도 그냥 누명이 아니었다. 디파티 소령이 건넸던 권총이 머릿속을 떠나지 않았다. 그 권총은 드레퓌스의 배신 혐의가 이미 진짜로 확정돼 버렸음을 의미하는 것이었다. 그렇다면 누명을 벗을 길이 없는 게 아닌가.

"말도 안 돼!"

드레퓌스는 쇠창살에 머리를 짓이기며 소리쳤다.

"난 간첩이 아니야! 난 프랑스의 참모장교야! 난 배신자가 아니라고!"

드레퓌스는 쇠창살이 부서져라 머리를 들이받았다. 금세 이마가 부풀어 올랐고 피가 흘러내렸다.

"이러다가 큰일 나겠어. 빨리 보고해."

간수들이 쇠창살 안으로 팔을 집어넣어 드레퓌스를 붙들었다. 드레퓌스는 몸부림을 쳤다.

"그만 두게, 드레퓌스!"

차갑고 단호한 목소리가 감방 안을 쩌렁쩌렁 울렸다. 드레퓌스는 고개를 들어 소리 지른 남자를 쳐다보았다. 디파티 소령. 드레퓌스에게 권총을 건넸던 바로 그 남자였다.

"난 배신자가 아닙니다!"

드레퓌스가 절규하듯 소리쳤다. 디파티 소령은 드레퓌스를 물끄러미 쳐다보았다.

"말씀해주십시오. 제 혐의가 무엇입니까? 제가 무슨 죄명을 뒤집어쓴 겁니까?"

디파티 소령은 드레퓌스의 어깨에 손을 얹었다.

"자네, 정말 죄를 짓지 않았나?"

"맹세코 죄를 짓지 않았습니다."

드레퓌스의 목소리는 단호했다.

"그렇다면 나를 믿게. 나는 이 모든 일을 공정한 눈으로 바라볼 거야. 자네에게 죄가 없다는 게 밝혀진다면 내가 책임지고 자네를 풀어주지. 설사 자네에게 작은 죄가 있다고 하더라도 자네를 구원하기 위해 노력하겠네. 그러니 말해보게."

드레퓌스는 디파티 소령을 물끄러미 바라보았다. 디파티 소령의 낮고 진지한 목소리가 드레퓌스의 흥분을 얼마간 가라앉혀 주었던 것이다. 드레퓌스는 침착하려 애쓰며 말했다.

"도대체 뭘 말하라는 겁니까? 아는 게 있어야 말을 할 게 아닙니까?"

"좋네. 그렇다면 이 명세서를 베껴 써보게."

드레퓌스는 명세서를 받아들었다. 디파티 소령이 드레퓌스에게 불러주었던 바로 그 내용이었다.

"이걸 쓰면 저의 무죄를 밝힐 수 있는 겁니까?"

"물론일세. 자네에게 죄가 없다면 말이야."

드레퓌스는 종이와 펜을 들고 바닥에 쭈그려 앉아 명세서를 베껴 적었다. 드레퓌스가 명세서를 모두 쓸 때까지 디파티 소령은 조용히 기다렸다.

"이번엔 일어서서 써보게."

드레퓌스는 일어서서 다시 쓰기 시작했다. 엎드려서, 벽에 기대서, 왼손으로…… 드레퓌스는 디파티 소령의 명령대로 온갖 자세로 명세서를 베껴 썼다. 누명만 벗을 수 있다면 이까짓 것 백번도 넘게 쓸 수 있다고 드레퓌스는 생각했다.

디파티 소령은 드레퓌스가 쓴 명세서를 모았다. 책 한 권을 묶을 수 있을 만큼 두툼했다.

"소령님."

드레퓌스가 간절한 목소리로 말했다.

"제 누명을 꼭…… 벗겨주십시오."

디파티 소령은 드레퓌스의 눈을 뚫어져라 처다보았다.

"조용히 기다리게."

디파티 소령은 나갔다. 감방 문은 다시 잠겼다.

드레퓌스는 조용히 기다렸다.

그럴 수밖에 없었다. 그는 밖과 단절된 감방에 갇혀 있었고, 가족들조차 만날 수 없었다. 그는 수사가 어떻게 진행되고 있는지조차 알 수 없었다.

드레퓌스는 최대한 침착하려고 노력했다. 드레퓌스는 속으로 중얼거렸다.

"걱정할 것 없어. 그냥 작은 실수가 생긴 것뿐이야. 암, 그렇고말고. 수사관들과 재판관들이 내 무죄를 밝혀줄 거야. 그들도 나처럼 충성스럽고 정직한 군인들이니까. 그래. 가만히 기다리자. 가만히."

2화
너는 스파이다

시간은 답답하게 흘렀다.

그는 영문도 모른 채 감방에 갇혀 자신의 누명이 벗겨지기만을 기다렸다. 사실 기다리는 것 말고는 할 수 있는 것이 없었다. 그리고 2개월 후, 군사재판이 열렸다.

드레퓌스는 단정한 군복차림으로 재판정에 섰다. 몇몇 증인들과 군인들만 보일 뿐 방청석은 텅 비다시피 했다. 드레퓌스는 깊은 숨을 들이마셨다. 드레퓌스는 이 군사재판이 자신의 결백함을 밝혀줄 거라고 속으로 되뇌었다.

검사관이 드레퓌스에게 물었다.

"대위는 우리 군대의 무기 상황과 각 부대의 위치를 알고 있습니까?"

"알고 있습니다."

"포병의 무기 현황이 적힌 1급 기밀문서도 볼 수 있고요?"

"그렇습니다. 전 참모본부 소속 장교니까요."

검사관은 그것이 무슨 대단한 사실이라도 되는 양 고개를 크게 끄덕였다. 검사관이 재판관을 향해 말했다.

"존경하는 재판관님. 지난 4월, 우리 프랑스 군대의 기밀문서가 독일대사관으로 전달됐습니다. 군대의 무기 현황과 부대 위치가 자세히 적힌 명세서였지요. 그 명세서는 드레퓌스 대위가 손쉽게 알아낼 수 있는 사실들로 가득 차 있었습니다."

드레퓌스 대위는 아, 하고 낮은 신음을 뱉었다. 드레퓌스는 그제야 자신이 독일대사관으로 기밀문서를 넘긴 간첩으로 몰렸다는 사실을 안 것이다.

검사관은 확신에 찬 목소리로 말했다.

"드레퓌스 대위는 이상하리만치 조용한 생활을 했습니다. 그는 사교계의 파티에도 참석하지 않았고, 술집에도 가지 않았습니다. 만나는 친구도 없었습니다. 프랑스의 참모장교 정도의 위치라면 누구나 하는 그런 여가생활을 드레퓌스는 조금도 즐기지 않았습니다. 이상하지 않습니까? 드레퓌스는 왜 그랬을까요? 그건 바로 간첩이라는 의심을 피하기 위해서였습니다. 정말 무섭도록 치밀한 자입니다. 만약 우리 정보국의 끈질긴 수사가 없었더라면 이 무서운 사건의 진실은 밝혀지지 못했을 겁니다. 제 손에 들려 있는 이 명세서! 정보국은 두 명의 글씨전문가들과 함께 조사한 끝에 이 명세서의 글씨가 바로 드레퓌스의 것이라는 걸 알아냈습니다. 드레퓌스의 간첩죄가 만천하에 드러난 것입니다!"

드레퓌스는 머릿속이 어질했다.

드레퓌스의 변호인이 자리에서 일어났다.

"재판관님. 검사관은 마치 드레퓌스가 명백한 죄인인양 말하고 있지만 그가 내세운 증거는 오직 하나, '명세서'의 글씨체뿐입니다. 하지만 저는 이 두 글씨체가 도대체 어디가 같다는 것인지 모르겠습니다. 누가 봐도 다른 글씨체니까요. 그렇다면 이 명세서와 드레퓌스의 글씨체를 공개적으로 비교할 수 있도록……."

검사관이 끼어들었다.

"명세서의 내용은 군사비밀입니다. 절대 공개할 수 없습니다."

재판관이 고개를 끄덕였다.

"검사관의 말대로요. 군사비밀을 공개하는 일은 있을 수 없소, 변호인."

변호인은 자리에 앉을 수밖에 없었다.

정말 이상한 재판이었다.

변호인의 말은 재판관에 의해 번번이 막혔고, 검사관의 억지 주장은 마치 확실한 증거라도 되는 양 받아들여졌다. 재판관이 검사관 편에 서 있다는 느낌을 지울 수가 없었다.

'아니야. 그럴 리가 없어. 기다리자. 무죄가 밝혀질 거야.'

드레퓌스는 떨리는 마음을 가라앉히려 애썼다.

디파티 소령이 증인석으로 나왔다. 디파티 소령은 가장 가까이서 드레퓌스를 수사한 사람이었다. 드레퓌스의 글씨체가 명세서의 글씨체와 다르다는 것을 알고 있는 사람이었고, 드레퓌스의 간절하고 진실한 말을 가장 많이 들어준 사람이었다. 그러면 자신의 무죄를 말해줄 거라고 드레퓌스는 생각했다.

"저는 드레퓌스에게 편지를 대신 써달라고 부탁했습니다. 그리고 명세서의 내용을 그대로 불러주었지요. 그랬더니 드레퓌스가 손을 부들부들 떠는 겁니다. 그게 무슨 뜻일까요?"

드레퓌스는 참지 못하고 소리쳤다.

"날씨가 추웠습니다! 추워서……."

"피고는 조용하시오. 지금 증인이 말하고 있지 않소!"

재판관이 드레퓌스를 윽박질렀다. 디파티 소령은 당연하다는 듯 말했다.

"뻔하죠. 자기의 간첩 행위가 들통 났다는 사실에 겁을 집어먹은 겁니다. 그는 간첩이 틀림없습니다."

"말도 안 돼!"

"피고는 조용! 조용! 한번만 더 소리치면 법정모독죄요!"

드레퓌스는 디파티 소령을 노려보았다. 가슴 속에서 타는 듯한 분노가 치밀어 올랐다. 디파티 소령은 드레퓌스를 힐끗 쳐다보았다. 그리고 계속 말했다.

"증거는 이것뿐만이 아닙니다. 저는 드레퓌스가 간첩 노릇을 한 대가로 독일인들에게 뭘 받았는지도 알아냈습니다. 드레퓌스 가문의 공장이 불 탄 적이 있는데 그 공장은 독일의 보험회사와 계약이 돼 있었습니다. 이상하지 않습니까? 프랑스 국민이 독일의 보험회사와 계약을 하다니요. 아니나 다를까 드레퓌스 가문은 공장이 불 탄 피해 금액보다 훨씬 많은 보상금을 보험회사로부터 받았습니다. 드레퓌스가 간첩 노릇을 한 데 대한 대가를 그런 식으로 받은 겁니다. 유대인다운, 아주 교활한 방식이지요."

드레퓌스는 기가 막혔다. 드레퓌스 가문의 공장이 불 탄 것은 사실이었다. 그 공장이 독일의 보험회사와 계약을 맺은 것도 사실이었다. 하지만 거기엔 다 이유가 있었다. 공장이 있는 땅은 프랑스가 독일에게 빼앗긴 땅이었던 것이다. 드레퓌스가 군인이 되겠다고 마음먹은 것도 독일에게 자신의 고향인 그 땅을 빼앗기면서부터였다. 독일을 무찌르고 그 땅을 되찾기 위해서 말이다. 그런데 디파티 소령은 그 공장을 빌미로 억지 주장을 펼치고 있었다.

"증인의 진술은 명확하지가 않습니다. 드레퓌스 가문이 받은 보상금이 얼마인지 말씀해주십시오."

변호인이 디파티 소령에게 물었다. 디파티 소령은 변호인을 노려보았다.

"참나, 얼마를 받았냐고요? 아주 많이 받았습니다. 아주 많이!"

"아주 많이 얼마요?"

"말을 못 알아듣습니까? 어마어마하게 많이 받았다니까요!"

디파티 소령은 버럭 고함을 질렀다. 사실 그는 보상금액이 얼마인지 몰랐다.

뭔가 단단히 잘못돼 가고 있었다. 변호인을 뺀 모든 사람들이 드레퓌스를 죄인으로 몰아붙이고 있었다. 드레퓌스와 함께 근무했던 참모본부 동료들조차 마찬가지였다.

"저희 참모본부 장교들은 오래 전부터 드레퓌스 대위를 의심하고 있었습니다. 드레퓌스 대위는 쓸 데 없는 작은 것까지 다 알려고 애를 썼거든요. 그 수많은 자잘한 사실들을 왜 알고 싶어 했는지 도무지 이해가 되지 않았는데 이제는 알 것 같습니다. 그런 작은 사실들 하나하나가 독일에 넘길 수 있는 정보였던 거죠."

드레퓌스는 제 귀를 의심하지 않을 수 없었다.

드레퓌스의 모든 것이 간첩임을 증명하고 있다는 식이었다. 그의 조용한 생활 방식도, 그의 호기심 많은 성격도, 그의 깔끔하고 완벽한 일처리 방식까지도 그가 간첩이라는 증거가 되었다. 심지어 명세서의 글씨가 드레퓌스의 평소 글씨와 다른 것마저도 그가 간첩임을 증명하고 있었다.

정보국의 또 다른 수사관이었던 앙리 소령의 증언도 마찬가지였다. 드레퓌스가 범인임에 틀림없다는 믿음으로 똘똘 뭉쳐 있을 뿐 또렷한 증거는 하나도 없었다. 또렷한 증거라고 주장하는 것이 딱 하나 있긴 했다. 그것은 참모본부 정보국에서 재판관에게 전달한 정체불명의 서류봉투였다.

"이것은 정보국의 수사 자료입니다. 드레퓌스가 간첩이라는 명백한 증거입니다."

디파티 소령은 재판관에게 서류봉투를 건네며 나직하게 말했다. 드레퓌스의 변호인이 항의했다.

"드레퓌스가 간첩이라는 명백한 증거라면 변호인인 저도 봐야 합니다."

"이 서류의 내용은 1급 군사비밀이오! 군사비밀! 민간인은 볼 수 없소!"

재판관이 소리쳤다.

재판관은 군사비밀이라는 그 서류의 내용을 들여다보았다. 그리고 잠시 후 엄숙한 목소리로 판결을 내렸다.

"우리 재판부는 알프레드 드레퓌스의 반역죄를 인정해 드레퓌스를 불명예 제대시킬 것과 프랑스에서 추방, 종신유폐형에 처할 것을 명령한다."

드레퓌스는 눈을 감았다. 하늘이 무너져 내리는 것만 같았다.

"프랑스 만세! 군대 만세!"

등 뒤에서 군인들의 환호성이 들려왔다. 축제라도 벌어진 것 같았다. 드레퓌스는 붉게 물든 눈으로 그들을 돌아보았다. 그는 터무니없는 재판 끝에 유죄 판결을 받았는데, 한때는 그의 동료였던 사람들이 그의 유죄를 기뻐하고 있었다. 눈으로 보고도 믿을 수가 없었다. 드레퓌스는 이 모든 것이 끔찍한 악몽인 것만 같았다.

"드레퓌스를 처형하라!"

"종신유폐형이 웬 말이냐! 더러운 유대인 배신자를 처형하라!"

바깥에서는 더 끔찍한 일들이 벌어지고 있었다. 사람들은 드레퓌스를 사형에 처하라고 소리를 지르며 행진을 하고 있었다. 어떤 이는 피 흘리며 죽어가는 드레퓌스 그림을 들고 있었고, 어떤 이는 붉은 글씨로 "드레퓌스 사형!"이라고 적힌 푯말을 들고 고함을 질렀다. 무시무시한 광경이었다.

"신문 사세요! 드레퓌스 유죄! 드레퓌스가 속한 유대인국제조직과 드레퓌스가 갇힐 감옥이 있는 악마섬 소식이 자세히 실렸어요! 신문 사세요!"

신문판매원이 사람들을 향해 목청이 터져라 소리쳤다. 신문을 사려는 사람들이 우르르 몰려들었다.

"오늘이 불명예퇴역식이 있는 날이지?"

"그 더러운 유대인 놈에겐 불명예퇴역식 조차 아까워."

"네 말이 그 말일세. 그런 놈은 사형에 처해야 해!"

한 무리의 남자들이 신문을 내려다보며 혀를 끌끌 찼다. 그들만이 아니었다. 거리에 나와 있는 대부분의 사람들이 그랬다. 하지만 단 한 사람만큼은 의구심 가득한 표정으로 시위대를 바라보고 있었다.

"유대인국제조직이라…… 그러니까 드레퓌스가 이 조직의 조직원이라는 거지요?"

어떤 노신사가 옆에 선 남자에게 물었다.

"당연하죠. 자칫하면 우리나라를 유대인국제조직에게 통째로 넘겨줄 뻔한 겁니다. 어휴, 군대가 드레퓌스를 잡았기에 망정이지 정말 큰일 날 뻔했어요."

남자는 고개를 절레절레 저으며 말했다.

"음, 나는 처음 들어보는 조직인데 신문들은 이걸 어떻게 알아냈을까요?"

"군대가 밝혀내서 알려줬겠죠."

"비밀재판인데 군대가 알려줬다? 거참 희한하군요."

그는 시위대의 뒷모습을 물끄러미 바라보았다. 그리고는 지팡이를 짚으며 시위대를 따라 걷기 시작했다. 그는 프랑스의 대문호 에밀 졸라였다.

시위대가 향한 곳은 드레퓌스의 불명예퇴역식이 열리는 사관학교 연병장이었다. 드레퓌스가 연병장 복판에 서 있었다.

"더러운 유대인 놈!"

"사형에 처해! 저런 놈은 죽여야 해!"

"유폐형을 집어치워라! 유대인을 죽여라!"

에밀 졸라는 분노에 가득 차서 고함을 지르는 사람들을 물끄러미 바라보았다. 만약 군대가 막고 있지 않다면 당장이라도 드레퓌스를 끌어내 죽일 듯한 기세였다. 에밀 졸라는 드레퓌스 쪽으로 고개를 돌렸다.

장교 한 사람이 드레퓌스 앞에 섰다. 그는 드레퓌스를 향해 소리쳤다.

"귀관은 프랑스를 위해 칼을 들 자격이 없다. 위대한 국민의 이름으로 귀관의 모든 권한을 빼앗는다."

장교는 드레퓌스의 칼을 부러뜨려 바닥에 내팽개쳤다. 드레퓌스의 어깨와 가슴에 붙어 있는 계급장을 뜯어냈다. 참모장교용 군복에 붙은 붉은 줄도 두두둑 소리를 내며 뜯겨나갔다.

"죽여라! 유대인을 죽여라!"

프랑스의 국민들이 한 남자를 죽이라고 고함을 지르고 있었다.

이상하리만치 거대한 분노였고, 이상하리만치 명확하지 않은 사건이었다.

"이 나라가 온통 분노에 사로잡힌 것만 같구먼."

에밀 졸라는 걱정스러운 표정으로 중얼거렸다.

드레퓌스는 결국 악마섬에 유폐되었다.

머나먼 아프리카, 뜨거운 뙤약볕이 피를 말리는 지옥 같은 곳이었다. 경비병들은 4미터 높이의 담이 두 겹으로 둘러싸인 조그만 돌감옥에 드레퓌스를 처넣었다. 드레퓌스의 발에는 두꺼운 쇠사슬이 감겼다. 5명의 경비병이 교대로 그를 감시했다.

그것은 영원한 추방, 영원한 감금이었다.

3회
의문의 파란 엽서

　세상은 다시 평화로워졌다.
　아무 일 없었다는 듯 봄이 오고, 여름이 가고, 가을이 지나고, 겨울이 갔다. 그리고 다시 봄이 왔다. 사람들은 드레퓌스라는 이름을 잊어갔다. 참모본부도 다시 평화로워졌다.
　새로이 정보국장이 된 피카르 중령은 자신의 새로운 임무를 파악하기 위해 바쁘게 서류들을 훑어보고 있었다. 정보국인 만큼 파악해야 할 서류가 한두 개가 아니었다.
　"으, 피곤해. 정말 많군."
　피카르 중령은 의자에 몸을 파묻었다. 창문으로 따뜻한 봄볕이 내리쬐고 있었다. 정보국 소속 하급 장교가 사무실로 들어왔다.

"피카르 중령님. 독일에 침투한 첩보원으로부터 새로운 소식이 들어왔습니다."

장교는 피카르 중령에게 서류철을 건넸다.

"검토해볼 테니 그만 나가보게."

피카르 중령은 의자에 몸을 파묻은 채 서류봉투를 열어보았다.

"뭐지? 또 간첩인가?"

서류봉투 안에는 파란 엽서 한 장이 들어 있었다. 독일대사관 우체통에서 빼내온 것이었다.

'선생님, 저는 선생님께서 그 문제에 관해 예전에 저에게 해준 설명보다 더 자세한 설명을 기다리겠습니다. 그것을 저에게 글로 써서 보내주십시오.'

알쏭달쏭한 내용이었다. 간첩에게 정보를 요구하는 엽서 같긴 했지만 '그 문제', '그것' 같은 표현들 때문에 내용이 명확하지가 않았다. 받는 이의 이름은 에스테라지 소령이었다. 피카르 중령은 그 이름이 낯이 익었다.

"에스테라지. 에스테라지라······. 분명히 어디서 들어본 이름인데······ 아, 지원서!"

피카르 중령은 뭔가 떠오른 듯 참모본부 정보국으로 들어온 지원서들을 훑어보았다. 지원서를 넘기던 피카르 중령의 손이 멈췄다. 에스테라지의 지원서를 찾아낸 것이다.

"참모본부에 지원서를 내다니…… 간첩이라면 정말 대담한 작자인걸."

에스테라지의 지원서를 들여다보던 피카르 중령의 눈이 휘둥그레졌다. 에스테라지의 글씨체 때문이었다. 피카르 중령은 방금 전에 살펴봤던 드레퓌스 사건의 서류철을 끄집어냈다. 그리고 명세서와 에스테라지의 지원서를 번갈아 쳐다보았다.

"맙소사!"

명세서의 글씨체가 에스테라지의 글씨체와 같았던 것이다.

그것은 중대한 문제였다. 프랑스의 군대가 엉뚱한 사람을 죄인으로 만들어 저 악명 높은 악마섬에 가두었다는 뜻이었고, 진짜 간첩을 이렇게 활개를 치도록 내버려두었다는 뜻이었다. 피카르 중령은 직속 부하인 디파티 소령과 앙리 소령을 급히 불렀다. 그는 이 문제를 한시 바삐 바로잡아야 한다고 생각했다. 피카르 중령은 명세서의 글씨체와 지원서의 글씨체를 두 사람에게 보여주었다.

"이 두 글씨를 비교해보게. 같은 사람의 글씨 같지 않나?"

디파티 소령이 별 생각 없이 대답했다.

"맞습니다. 같은 사람의 글씨예요. 그런데 이 자가 누굽니까?"

"이번에 우리 정보국으로 지원서를 낸 에스테라지라는 자일세."

"에스테라지요?"

잠자코 지켜보던 앙리 소령의 눈이 휘둥그레졌다. 에스테라지는 앙리 소령의 친구로, 앙리 소령의 도움을 받아 정보국에 지원서를 냈던 것이다. 피카르 중령은 심각한 표정으로 말했다.

"이게 무슨 뜻이지 알겠나? 2년 전에 있었던 드레퓌스 사건의 진짜 범인이……."

"말도 안 됩니다."

피카르 중령의 말이 채 끝나기도 전에 앙리 소령이 소리쳤다. 생뚱맞을 정도로 큰 목소리였다.

"아니 제 말은……."

앙리 소령은 당황한 듯 말을 더듬었다.

"드레퓌스 사건은 이미 다 끝난 사건이라는 겁니다. 전임 정보국장이었던 상데르 대령께서도 다 끝난 사건이니 다시 열어보지 말라고 하지 않으셨습니까."

피카르 중령은 앙리 소령을 쏘아보았다.

"물론 그렇게 말씀하셨지. 하지만 여기에 이렇게 명백한 증거가 있지 않나."

앙리 소령은 굳은 표정으로 말했다.

"지금 상데르 대령님께서 수사를 잘못하셨다고 말씀하시는 겁니까?"

피카르 중령은 미심쩍은 표정으로 앙리 소령을 쳐다보았다. 앙리 소령의 태도가 지나치게 거칠었던 것이다.

피카르 중령은 자기가 중요한 사실 하나를 놓치고 있다는 사실을 깨달았다. 여기 앉아 있는 자기의 부하들, 앙리 소령과 디파티 소령이 바로 드레퓌스를 수사하고 감옥에 집어넣은 사람들이었다. 게다가 앙리 소령은 에스테라지의 친구였다. 이 두 사람과 이 문제를 상의하는 것 자체가 말도 안 되는 일이었던 것이다.

"일단 나가보게."

피카르 중령은 짤막하게 말했다.

피카르 중령은 이 일이 결코 만만치 않을 것이라는 사실을 깨달았다. 앙리 소령이 화를 내는 것은 자신들의 잘못된 수사를 인정할 수 없어서였다. 피카르 중령의 상관들 역시 그럴 것이다. 피카르 중령은 증거를 보다 확실하게 확인해야겠다고 마음먹었다. 그는 글씨전문가들에게 두 글씨체를 보여주었다. 결과는 예상대로였다. 명세서는 드레퓌스 대위가 아니라 에스테라지 소령이 쓴 게 틀림없었다.

피카르 중령은 깊은 생각에 잠겼다.

피카르 중령 역시 다른 프랑스 국민들처럼 유대인을 좋아하지 않았다. 유대인들은 프랑스에 살면서도 자신들의 종교를 믿고, 자신들의 생활 방식대로 살았다. 그리고 그들이 악착같이 돈을 긁어

모으는 돈 벌레라고도 생각했다. 하지만 유대인이 싫은 것과 유대인에게 죄를 덮어씌우는 것은 다른 문제였다.

피카르 중령은 에스테라지 소령에 대한 보고서를 작성했다. 그리고 상관인 공스 장군을 찾아갔다. 피카르 중령은 최대한 차분한 목소리로, 최대한 자세하게 이 사건을 설명했다.

공스 장군은 고개를 저었다.

"드레퓌스 사건은 모두 끝났네. 드레퓌스 사건은 접어두고 이 파란 엽서에 관한 수사만 하도록 해."

피카르 중령의 예상대로였다. 피카르 중령은 공스 장군을 설득하기 위해 노력했다. 그는 이 문제가 프랑스 군대 전체를 위험에 빠트릴 수 있다고 설명했다. 드레퓌스의 가족들이 드레퓌스의 억울함을 호소하며 재조사를 끈질기게 주장하고 있다. 만약 재조사가 허락된다면 이 명백한 증거 때문에 군대의 잘못된 수사와 판결이 드러나고 말 것이다. 그때는 돌이킬 수 없다. 우리 군이 스스로 이 문제를 해결할 수 있을 때 바로잡아야 한다…….

공스 장군은 넌덜머리가 난다는 표정으로 고개를 저었다.

"피카르 중령. 자네는 왜 이 유대인을 위해 그렇게 애를 쓰나?"

"유대인을 위해서가 아닙니다. 이 애매모호한 파란 엽서로는 프랑스를 팔아먹은 진짜 간첩 에스테라지를 체포할 수 없습니다. 그를 잡아넣기 위해서라도 드레퓌스 사건을 재조사해야 합니다."

"무슨 뜻인지는 알겠네. 하지만 드레퓌스 사건의 재조사는 안 돼. 국방부장관과 참모총장이 직접 드레퓌스 사건의 수사와 판결이 끝났다고 선언했네. 그것도 무려 2년 전에 말일세. 그런데도 자네는 이 사건의 재판을 다시 열어야 한다는 겐가?"

도무지 벽창호였다. 공스 장군은 그 어떤 이유도, 설명도 듣지 않으려 작정한 사람 같았다. 피카르 중령은 낮지만 단호한 목소리로 말했다.

"장군, 드레퓌스는 무죄입니다."

공스 장군은 피카르 중령을 빤히 쳐다보았다. 공스 장군은 더 말할 필요도 없다는 듯 고개를 저었다.

"국방장관과 참모총장이 유죄라면 유죄일세. 그게 진실이야."

그리고 그는 이렇게 덧붙였다.

"자네만 입을 다물면 되네. 그러면 아무도 모를 거 아닌가."

그 순간 피카르 중령은 계급의 차이를 잊어버렸다. 가슴 속에서 뜨거운 경멸이 불길처럼 타올랐다. 잘못된 결론을 내려놓고도 자신의 잘못을 인정하지 않는 자, 상관의 눈치를 보느라 불의를 눈감으려는 자에 대한 분노였다. 피카르 중령은 소리쳤다.

"장군! 장군의 말씀을 들으니 구역질이 납니다. 제가 어떻게 해야 할지 아직은 잘 모르겠습니다. 하지만 기억해두십시오. 저는 이 비밀을 무덤까지 가져가지는 않겠습니다."

피카르 중령은 공스 장군의 사무실을 나왔다.

그를 둘러싼 모든 사람들, 그의 부하들과 상관들이 이 잘못된 사건을 그대로 덮으려 하고 있었다. 죄 없는 사람을 평생 감옥에서 썩게 만들고 프랑스를 팔아먹은 진짜 간첩을 풀어주면서까지 그들은 이 사건을 덮으려 하는 것이다. 단지 자신들의 잘못을 드러내지 않기 위해서 말이다.

피카르 중령은 이 잘못을 반드시 바로잡아야 한다고 생각했다. 하지만 쉬운 일이 아니었다. 도무지 방법이 떠오르지 않았다.

증거를 들고 국방부장관을 찾아간다면? 피카르 중령은 군복을 벗을 각오를 해야 할 것이다. 국방부장관 역시 군대의 잘못을 숨기고 싶어 할 것이기 때문이다. 그렇다고 증거를 들고 신문사나 정치인을 찾아갈 수도 없었다. 그 증거들은 군사비밀 사항이었다.

피카르 중령은 답답한 듯 창밖을 보았다.

"방법이 없단 말인가. 방법이……."

4화
거짓이 진실을 노리다

피카르 중령에게 실낱같은 기회가 찾아온 것은 그로부터 두 달 후였다. 잊혀졌던 드레퓌스의 이름이 신문에 다시 등장한 것이다. 드레퓌스의 아내 루시가 의회와 교황청에 탄원서를 보냈다는 내용이었다.

"프랑스의 한 장교가 유죄판결을 받았습니다. 그런데 그 장교는 자신의 죄를 증명하는 증거의 내용조차 보지 못했습니다. 자신의 무죄를 주장할 기회를 빼앗긴 것입니다. 이것은 프랑스의 법을 무시한 불법 재판이 아닙니까? 제 남편이 정당한 법의 심판을 받을 기회를 주십시오. 정당한 법의 심판으로도 제 남편이 유죄라면 기꺼이 벌을 받을 것입니다. 간절히 부탁드립니다."

그것은 죄 없는 남편을 감옥으로 보낸 아내의 간곡한 외침이었다. 피카르 중령은 그 억울함을 고스란히 느낄 수 있었다. 하지만 신문들은 그렇지 않았다.

신문들은 드레퓌스의 아내 루시를 마구잡이로 물어뜯었다. 추악한 범죄를 저지른 남편을 구하기 위해 말도 안 되는 억지를 부리고 있는 뻔뻔하고 간사한 악녀. 심지어 그녀도 감옥에 처넣어야 한다고 주장하는 신문마저 있었다. 신문만 그런 게 아니었다. 그건 프랑스 국민 대부분의 생각이기도 했다. 증거를 발견하지 못했다면 피카르 중령 자신도 마찬가지였을 것이다.

"이 잘못을 바로 잡을 수 있는 건 나뿐이야."

피카르 중령은 차분히 마음을 다잡았다. 드레퓌스 사건을 둘러싼 잘못을 바로잡을 기회가 있다면 프랑스의 신문들이 떠들썩하게 드레퓌스의 이름을 들먹이는 바로 지금이라고 피카르 중령은 생각했다.

"장군. 이 신문을 보셨습니까?"

피카르 중령은 직속상관인 공스 장군을 찾아갔다. 피카르 중령은 공스 장군을 설득하기 힘들다는 걸 잘 알고 있었다. 하지만 그가 이 문제를 논의해야 할 사람은 공스 장군이었다. 이곳은 군대이고, 자신의 직속상관은 공스 장군이었다. 그것이 엄격한 군대의 질서였다.

"또 드레퓌스인가?"

공스 장군은 못마땅한 표정으로 피카르 중령을 쏘아보았다. 피카르 중령은 가능한 한 차분한 목소리로 말했다.

"장군, 보십시오. 이 사건은 끝난 게 아닙니다. 프랑스의 신문이라는 신문들이 죄다 드레퓌스를 이야기하고 있습니다. 의회가 드레퓌스 아내의 요구를 받아들여 재조사를 결정한다면 어떻게 되겠습니까? 우리 군대의 잘못된 판결을 우리 정보국이 아니라 의회에서 수사한다면요?"

피카르 중령은 간절한 목소리로 말했다.

"유대인을 위해서가 아닙니다. 우리 참모본부와 정보국, 아니 프랑스의 군대를 위해서 말씀드리는 겁니다. 장군, 다시 한 번 생각해주십시오. 우리 정보국의 손으로 하루빨리 이 문제를 해결해야 합니다."

공스 장군은 생각에 잠긴 듯 잠시 아무 말도 하지 않았다. 그리고는 자리에서 일어나 피카르 중령의 어깨에 다정하게 손을 얹고는 말했다.

"무슨 뜻인지 알겠네. 피카르 중령, 나에게 생각할 시간을 좀 주겠나? 이 문제는 그렇게 선불리 판단할 사항은 아니니까 말이야."

공스 장군은 마침 생각났다는 듯 말을 이었다.

"참, 그리고 어제 참모총장님과 회의를 했는데 말일세. 독일 국경 쪽 정보부대의 활동을 점검해야 한다고 하시더군. 내 생각도 같아. 사실 드레퓌스 사건이니, 에스테라지니 시끄러운 일이 자꾸 생기는 것도 따지고 보면 다 독일 때문 아니겠나. 그러니 독일 국경에 있는 정보부대를 돌아보고 오게. 나는 그 사이에 자네가 한 이야기를 진지하게 생각해보겠네."

피카르 중령은 고개를 끄덕였다.

"알겠습니다. 장군. 부디 이 문제를 잘 판단해주시기 바랍니다."

"물론이지. 걱정하지 말게."

피카르 중령은 공스 장군의 사무실을 나왔다.

공스 장군의 명령은 지극히 정상적인 것이었다. 정보부대를 점검하는 것은 정보국장인 피카르 중령의 주요한 임무 중 하나였기 때문이다. 하지만 왜 하필 지금일까? 자신을 정보국 바깥으로 내보내 드레퓌스 사건에 대해 더 이상 아무 일도 못하게 하려는 것은 아닐까? 피카르 중령은 의심스러운 생각이 들었지만 별 다른 도리가 없었다. 명령서를 받은 이상 명령대로 따라야만 했다.

불길한 예감은 이내 현실로 드러났다. 독일 국경 정보부대 점검이 끝날 때쯤 새로운 명령이 떨어졌다. 이탈리아 국경 쪽 정보부대를 점검하라는 것이었다. 이탈리아 다음엔 아프리카, 그 다음엔

튀니지……. 명령은 계속 내려왔다.

피카르 중령은 기가 막혔다. 자신이 정보국으로 돌아가는 것을 공스 장군이 막고 있는 게 틀림없었다. 그렇지 않고서야 이렇게 거듭해서 점검 명령이 떨어질 리가 없었다.

이상한 것은 그것만이 아니었다. 직속 부하인 앙리 소령은 정보국 업무에 대한 보고서를 보내지 않았다. 정보국을 통해서 오는 편지들도 제때 오지 않았다. 먼저 보낸 편지가 늦게 도착하는가 하면, 와야 할 편지가 오지 않았다. 피카르 중령은 누군가 자기 편지에 손을 대고 있는 게 틀림없다고 생각했다.

공스 장군과 앙리 소령, 디파티 소령이 무슨 음모를 꾸미는 게 아닐까? 피카르 중령은 불길한 예감을 떨칠 수가 없었다. 그는 앙리 소령에게 편지를 보냈다.

"앙리 소령. 나는 귀관의 행동에 분노하지 않을 수가 없다. 내가 벌써 몇 차례나 정보국 업무에 대해 보고하라고 명령을 했음에도 불구하고 보고하지 않는 이유가 무엇인가? 또 나에게 오는 편지들이 뒤죽박죽으로 도착하는 이유는 무엇이며, 와야 할 편지들이 오지 않는 이유는 무엇인가? 이 편지를 보는 즉시 내가 이해할 수 있는 대답을 해야 할 것이다."

이번에는 단번에 답장이 왔다. 피카르 중령은 앙리 소령의 답장을 받고 기가 막혔다.

"피카르 중령.

나는 당신에게 업무 보고를 하지 않겠습니다. 당신은 정보국장으로서 자격이 없는 사람이기 때문입니다.

첫째, 당신은 무능합니다. 나는 당신이 엉망진창으로 망쳐놓은 정보국 업무를 바로잡느라 눈코 뜰 새 없이 바빴습니다. 당신처럼 무능한 사람이 정보국장이라는 사실에 저는 놀라지 않을 수 없습니다.

둘째, 당신은 군사비밀 관리를 엉망으로 했습니다. 당신은 에스테라지 소령에게 가는 편지를 허가도 없이 뜯어봤습니다. 또 그 평범한 편지가 무슨 대단한 간첩 행위인 것처럼 과장해서는 드레퓌스 사건에 관한 일급 군사비밀 서류까지 들춰냈습니다. 그런 당신이 어떻게 정보국장의 임무를 계속할 수 있습니까?

앞으로도 보고를 기대하지 마십시오. 정보국은 내가 잘 이끌고 있습니다.

앙리 소령."

피카르 중령의 손이 부들부들 떨렸다.

"앙리 이놈!"

피카르 중령은 책상을 거칠게 내려치고 의자를 집어던졌다. 치밀어 오르는 분노를 참을 수가 없었다. 그 편지는 상관에 대한 정면 도전이었고, 상관모욕죄로 군사재판에 붙여지고도 남을 만한 내용이었다.

피카르 중령은 머리를 감싸 쥐고 곰곰이 생각했다.

앙리 소령이 군 형무소에 갇힐 각오를 하고 이 편지를 썼을 리는 없었다. 다시 말해 피카르 중령에게 이런 모욕적인 편지를 보내도 된다고 판단한 게 틀림없었다. 그것은 무슨 뜻인가? 정보국장이라는 자신의 지위와 중령이라는 자신의 계급이 위태롭다는 뜻이 아닌가?

"설마 공스 장군이 정말로……."

피카르 중령은 충격 속에서 중얼거렸다.

피카르 중령은 자신에게 오는 편지들이 뒤죽박죽으로 도착했던 것을 떠올렸다. 어떤 무서운 음모가 꾸며지고 있는 게 틀림없었다.

피카르 중령은 막사 밖으로 뛰쳐나왔다. 그리고 자신의 말에 올라탔다. 피카르 중령이 막 말을 몰려는 순간이었다. 말이 갑자기 고통스러운 비명을 지르며 펄쩍 뛰어올랐다. 피카르 중령은 균형을 잃은 채 바닥으로 떨어졌다. 말이 미친 듯이 날뛰었다. 피카르 중령은 몸을 웅크렸다.

피카르 중령은 허리에 손을 얹고 엉거주춤 자리에서 일어났다. 자신의 몸을 살펴보았다. 하마터면 죽을 뻔했지만 다행히 다친 곳은 없었다. 피카르 중령은 말을 잡아 살펴보았다. 안장 아래에 정체를 알 수 없는 상처가 나 있었다.

"이럴 수가……."

피카르 중령은 그 자리에 굳은 듯 서 있었다. 안장 아래에 우연히 작은 돌 따위가 낀 것일 수도 있었다. 하지만 그게 아니라면? 누군가 피카르 중령의 목숨을 노리고 안장 아래에 뾰족한 물건을 끼워둔 것이라면?

피카르 중령은 공스 장군이 했던 말을 떠올렸다.

"자네만 입을 다물면 되네. 그러면 아무도 모를 거 아닌가."

피카르 중령은 비틀거렸다. 정신이 아득하고 온몸에 소름이 끼쳤다. 피카르 중령은 다시 막사로 들어갔다. 그리고 편지 한 통을 쓰기 시작했다.

"대통령 각하.

저는 참모본부 정보국장 마리 조르쥬 피카르 중령입니다. 저는 명예를 걸고 다음과 같은 사실을 밝히는 바입니다. 일부 장교들이 이 사실을 숨기려 하고 있으나 이 사실은 반드시 세상에 알려져야 한다고 생각합니다.

1. 에스테라지 소령은 독일의 간첩입니다.

2. 드레퓌스가 했다고 알려진 행위는 에스테라지가 한 행위입니다.

3. 드레퓌스 사건에 대한 군대의 조사와 재판은 법을 무시한 채

이뤄졌습니다."

　피카르 중령은 드레퓌스 사건의 진짜 범인을 알게 된 과정과 그 증거들을 자세하게 덧붙였다.

　피카르 중령은 이 편지를 친구인 루이 레블르와 변호사에게 보냈다. 그리고 자신이 죽을 경우 이 편지를 즉시 대통령에게 보내 달라고 부탁했다.

5회
허무한 분노

　피카르 중령의 편지를 받은 레블르와 변호사는 적지 않은 충격을 받았다.
　그 유명한 드레퓌스 사건의 범인이 따로 있다는 사실도, 그 사실을 밝히려 했다는 이유로 피카르 중령이 위기에 처했다는 사실도 어느 것 하나 충격적이지 않은 것이 없었다. 이것은 피카르 중령이나 자신의 힘만으로 해결할 수 있는 종류의 문제가 아니었다. 그는 쉐러 상원의원을 찾아갔다.
　"피카르 중령은 목숨의 위협을 받고 있습니다. 진실을 밝히려 했다는 이유로 말입니다. 도와주십시오. 상원의원님."

쉐러 상원의원은 피카르 중령의 편지를 탁자 위에 내려놓았다. 그는 눈을 지그시 감고 이마를 매만졌다.

"이 편지를 보낸 사람이 피카르 중령이라는 사실은 비밀로 해야 한다?"

"그렇습니다. 이 편지 안에는 군사비밀에 해당하는 내용이 들어 있습니다. 만약 피카르 중령이 썼다는 사실이 밝혀진다면 그는 무사하지 못할 겁니다."

쉐러 상원의원은 고개를 끄덕였다.

"이해하오. 하지만 피카르 중령이 직접 나서지 않는다면 누가 이 증거를 믿겠소?"

"그래서 상원의원님께 부탁드리는 겁니다."

쉐러 상원의원은 심각한 표정으로 잠시 말이 없었다.

"알았소. 내게 생각할 시간을 좀 주시오."

"연락 기다리겠습니다, 의원님."

레블르와 변호사가 떠난 후에도 쉐러 상원의원은 책상 앞을 떠나지 못했다. 그는 피카르 중령의 편지를 매만지며 생각하고 또 생각했다.

피카르 중령이 밝힌 증거들은 완벽했다. 드레퓌스는 억울한 누명을 뒤집어쓴 게 틀림없었다. 하지만 그걸로 문제가 해결되는 것은 아니었다. 프랑스 국민 대부분이 드레퓌스를 범인이라고 믿고 있었다. 그냥 믿는 정도가 아니었다. 신앙이라고 해도 좋을 정도였다. 드레퓌스가 프랑스를 무너뜨리려 하는 유대인국제조직의 조직원이라는 소문이 마치 진실인양 나돌고 있었다. 드레퓌스와 드레퓌스의 가족들을 마치 악마처럼 여기고 있었다.

드레퓌스가 무죄라고 주장한다? 그랬다간 상원의원이 아니라 대통령이라도 무사할 수 없을 것이었다. 게다가 결정적인 증거를 내민 사람이 정보국장이라는 사실조차 밝힐 수 없는 상황이었다.

"이것 참 골치 아프군."

쉐러 상원의원은 피카르 중령의 편지를 물끄러미 내려다보았다. 이걸 터트리면 그의 정치 인생은 끝장이 날 게 틀림없었다.

"안 돼, 안 돼. 아무리 진실이라도 이건 너무 위험해. 화약을 지고 불로 뛰어드는 꼴이라고."

쉐러 상원의원은 자리에서 벌떡 일어나 문 쪽으로 뚜벅뚜벅 걸어갔다. 쉐러 상원의원은 문을 활짝 열었다. 하지만 그는 문밖으로 나가지 않았다.

"젠장."

쉐러 상원의원은 문고리를 잡고 중얼거렸다.

"차라리 몰랐으면 좋았을 걸."

쉐러 상원의원은 다시 책상 앞에 앉았다. 이 무시무시한 일을 짊어지기로 결심한 것이다.

쉐러 상원의원은 노련한 정치인답게 꼼꼼하게 계획을 세웠다.

"자, 보자. 어떻게 해야 할까. 일단 피카르 중령의 증거는 최후의 카드로 남겨둬야 해. 그럼 먼저 해야 할 일은? 일단은 사람들의 관심을 모아야지. 그리고 이 일을 함께 할 사람들을 모아야 해. 의원이든 학자든 가능하면 대단한 인물일수록 좋겠지. 다음은 국방부장관에게 재조사 의뢰서를 보내는 거야. 하나 같이 어려운 일들뿐이군."

쉐러 상원의원은 종이 위에 메모를 하다 말고 피식 웃었다. 첫 번째 계획, 사람들의 관심을 모으는 일만큼은 쉬워도 너무 쉽겠다는 생각이 들어서였다. 그것은 국회에 참석해 딱 한 마디만 하면 단번에 해결될 일이었다.

"드레퓌스는 억울한 누명을 뒤집어썼습니다. 제가 그 증거를 갖고 있습니다."

그리고 다음날, 쉐러 상원의원은 국회에 들어가 정말로 그렇게 말했다.

아니나 다를까. 국회가 발칵 뒤집어졌다. 의원들은 성난 사자 떼처럼 쉐러 상원의원에게 비난을 퍼부었다.

"이 나라를 지키는 군대를 의심하는 겁니까? 어떻게 그럴 수가 있습니까?"

"지금 유대인 편을 드는 것이오?"

"그러고도 당신이 애국자라고 할 수 있소?"

"그 증거라는 걸 내놓아 보시오! 어서!"

물론 쉐러 상원의원은 증거를 내놓을 수 없었다.

하루가 지나자 이번엔 신문들까지 일제히 나서서 쉐러 상원의원을 공격하는 기사를 쏟아냈다. 그 기사들이 어찌나 허무맹랑하던지 쉐러 상원의원은 할 말을 잃고 말았다.

신문들은 쉐러 상원의원이 유대인국제조직의 앞잡이라고 썼다. 쉐러 상원의원이 유대인국제조직에게 가짜 증거들을 받았다는 것이다. 어떤 신문은 쉐러 상원의원의 목적이 드레퓌스를 구하는 것만이 아니라고 썼다. 프랑스군을 파괴하고 프랑스를 독일에 넘겨주는 것이 쉐러 상원의원의 진짜 목적이라면서 말이다. 지난주까지 존경받는 상원의원이자 애국자였던 쉐러는 단 일주일 만에 있지도 않은 유대인국제조직의 앞잡이 취급을 당했다.

"이런 미친!"

쉐러 상원의원은 분통이 터졌지만 그냥 기다리는 것 말고는 달리 할 수 있는 것이 없었다. 드레퓌스 사건이 잘못됐다고 생각하는 사람들, 또 다른 증거를 가진 사람들이 나타나야만 했다. 하지만 그런 사람들은 나타나지 않았다.

애가 탄 쉐러 상원의원은 직접 동지를 찾아 나섰다. 하지만 동료 의원들은 그를 만나주려고도, 말을 걸지도 않았다. 그도 그럴 것이 쉐러 상원의원은 매국노 취급을 받고 있었다. 그런 쉐러 상원의원과 만났다가는 자신들도 같은 처지가 될 수 있다며 두려워했던 것이다.

"유대인의 앞잡이 쉐러는 상원의원직에서 물러나라!"

"쉐러는 사퇴하라!"

사람들이 매일처럼 쉐러 상원의원 집 앞으로 몰려와 분노에 찬 함성을 질러댔다. 생각했던 것보다 훨씬 더 심각한 상황이었다. 쉐러 상원의원은 창문 너머로 사람들을 내려다보았다.

'누가 저들을 바꿀 수 있단 말인가? 유대인을 향한 저들의 거대한 분노를 누가 막을 수 있으며, 진실을 보도록 만들 수 있단 말인가? 그만한 힘을 가진 사람은 없어. 대통령조차 저들을 바꿀 수 없을 거야.'

쉐러 상원의원은 고개를 떨구었다. 이것으로 자신의 정치인생이 끝났다고 생각했다. 아마도 남은 인생 동안 유대인의 앞잡이라는 말이 꼬리표처럼 따라다니게 될 것이었다.

그때 갑자기 방문이 벌컥 열렸다.

"이보시오. 쉐러 상원의원. 도대체 이 나라에서 무슨 일이 벌어지고 있는 게요? 나에게 설명 좀 해줄 수 있겠소?"

쉐러 상원의원은 고개를 돌렸다. 방문 앞에는 코 위에 안경을 얹은 비쩍 마른 노신사가 신문을 들고 서 있었다. 프랑스의 세계

적인 작가 에밀 졸라였다.

쉐러 상원의원은 에밀 졸라에게 모든 것을 말해주었다. 에밀 졸라는 피카르 중령의 편지, 드레퓌스의 재판 자료들을 들여다보며 기나긴 설명을 묵묵히 들었다.

"이럴 수가! 역시 내 생각대로였군."

에밀 졸라는 치밀어 오르는 분노와 걱정으로 온몸을 부르르 떨었다.

"이건 정말 심각한 문제요."

쉐러 상원의원이 고개를 끄덕였다.

"저도 그렇게 생각합니다. 유대인이라는 이유만으로 죄도 없는 사람을 감옥에 가두다니요."

"이건 그 이상의 문제요. 프랑스의 민주주의, 프랑스의 정신이 무너진 사건이란 말이오. 군대가 법을 어겨가며 한 남자에게 유죄를 선고했소. 그리고 자신들의 잘못을 덮기 위해 국민들의 분노를 들쑤셨소. 유대인을 향한 분노 말이오. 그런데 그 분노가 모든 것을 삼켜버린 거요. 진실도, 법도, 생각도 모두! 그것은 곧 민주주의가 무너졌다는 뜻이오."

에밀 졸라는 심각한 표정으로 생각에 잠겼다. 쉐러 상원의원은 평생을 현실과 가까운 소설들을 써온 위대한 노 작가를 가만히 쳐다보았다.

"에밀 졸라 선생. 저를 찾아와 주셔서 감사합니다. 하지만 감히 도와달라는 말씀은 드릴 수가 없습니다. 저 밖에 사람들을 보십시오. 저는 온 프랑스의 적이 되고 말았습니다. 이 일에 뛰어드신다면 아무리 졸라 선생이라도 저처럼 되고 마실 겁니다."

에밀 졸라는 쉐러 상원의원을 보며 웃었다.

"내 아내와 똑 같은 소리를 하시는구려. 그런 것이 두려웠다면 당신을 찾아오지도 않았을 거요. 나는 이미 이 일에 뛰어들었소. 이 문제를 어떻게 풀어갈지 곰곰이 생각해봅시다. 분명히 무슨 방법이 있을 게요."

에밀 졸라는 쉐러 상원의원과 굳은 악수를 했다. 에밀 졸라가 말했다.

"당신이나 피카르 중령 같은 사람이 이 프랑스에 있어서 정말 다행이오. 분노에 눈이 멀어버린 프랑스를 구해 봅시다."

"감사합니다. 선생. 선생 같은 분이 있어서 정말 다행이지요."

에밀 졸라와 쉐러 상원의원은 자주 만나 이야기를 나누었다. 적은 수이긴 했지만 뜻있는 사람들 몇몇도 함께 모였다. 어려운 일인 만큼 쉽게 움직일 수는 없었다. 그 어느 때보다 신중할 필요가 있었다. 섣불리 일을 시작했다간 시작도 하기 전에 실패할 수도 있었기 때문이다.

쉐러 상원의원만이 국회에서 드레퓌스 사건 문제를 계속 이야기하고, 국방부장관에게 재조사 요구서를 보내는 등 활동을 이어 나갔다. 드레퓌스 사건을 해결하기 위해선 사람들의 관심을 계속 이어나갈 필요가 있었던 것이다. 물론 그러면 그럴수록 쉐러 상원의원에 대한 국민들의 분노는 커져만 갔다.

그러던 어느 날, 뜻밖에 기회가 찾아왔다.

드레퓌스가 썼다고 알려진 명세서 복사본이 신문에 대문짝만 하게 실린 것이다.

"쉐러 상원의원! 이것이 바로 드레퓌스가 쓴 명세서다. 이래도 드레퓌스가 무죄라고 주장할 텐가?"

이것이 신문 기사의 제목이었다.

이 기사가 불러온 결과는 엄청났다. 글씨체의 주인을 찾는 현상수배 전단이나 마찬가지였기 때문이다. 실제로 신문의 글씨체와 에스테라지의 글씨체가 같다는 것을 알아본 사람이 나타났고, 드레퓌스의 형 마티외가 즉각 에스테라지를 고발해버렸다. 그것은 에스테라지가 재판정에 선다는 것을 의미했다.

에밀 졸라가 쉐러 상원의원에게 말했다.

"쉐러 상원의원. 어떻게 생각하시오. 에스테라지가 유죄 판결을 받을 것 같소?"

쉐러 상원의원은 고개를 저었다.

"그렇지 않을 겁니다. 에스테라지의 유죄는 곧 드레퓌스의 무죄를 뜻합니다. 그것은 군대가 자신들의 잘못을 스스로 인정하는 꼴이지요. 아마도 군대는 그러지 않을 겁니다. 게다가 국민 대부분이 드레퓌스의 유죄를 철썩 같이 믿고 있는 상황 아닙니까.”

에밀 졸라는 미소 지었다.

“그래도 나는 한번 믿어보겠소. 이 프랑스, 그리고 군대가 스스로 정의를 지킬 기회를 잡을 거라고 말이오. 만약 그러지 않는다면……”

에밀 졸라는 쉐러 상원의원을 물끄러미 바라보았다.

“이 늙은이가 나서는 수밖에요. 군대가 정의를 지키지 않는다면 나라도 지켜야지요.”

하지만 현실은 에밀 졸라의 기대와는 정반대였다.

프랑스는 다시 한번 격렬한 분노에 휩싸였다. 신문들은 에스테라지의 무죄를 주장했다. 프랑스의 이름 높은 가문 출신인 그가 간첩일 리 없다는 것이었다. 이 모든 것이 프랑스를 파멸시키려는 유대인국제조직의 음모라는 것이다.

에밀 졸라는 에스테라지의 재판에 마지막 희망을 걸었다. 하지만 그마저도 허무하게 꺼져버렸다. 결과는 최악이었다. 군사법원은 제대로 조사도 하지 않은 채 에스테라지에게 무죄를 선고했고, 대신 군사비밀을 빼돌렸다는 이유로 애꿎은 피카르 중령을 체포해버렸다.

쉐러 상원의원이 걱정스러운 표정으로 에밀 졸라에게 물었다.

"선생, 이제 어떡하실 겁니까?"

에밀 졸라는 지팡이를 만지작거리며 말했다.

"정치인 양반. 나는 작가요. 작가가 어떻게 싸우는지 한번 지켜보시구려."

에밀 졸라는 자신의 소설 때문에 친구를 잃었다?

　1852년 어느 날 화가 폴 세잔은 친구들에게 괴롭힘을 당하고 있던 유약한 한 소년을 구해줍니다. 가난하고 건강이 좋지 않아 또래 보다 몸집이 작았던 그 소년은 바로 에밀 졸라였습니다. 두 사람은 어린 시절을 함께 보내며 서로를 의지하며 예술가로 성장해갑니다. 그들은 함께 붙어 다녔고, 서로에게 영웅이었으며 30여 년간 예술에 관해 편지를 주고받을 만큼 가까운 친구 사이로 발전했지요. 그런데 수년간 쌓아온 이들의 우정도 하루아침에 금이 갑니다. 바로 에밀 졸라가 쓴 〈작품〉이라는 소설 때문이었는데요. 졸라가 보내준 소설을 읽은 세잔은 1886년 4월 그에게 "이렇게 훌륭히 추억을 담아주어 고맙다"라는 내용의 편지를 보내 30여년의 우정에 결별을 선언하고 다시는 그와 만나지 않았다고 합니다.

　졸라의 소설에 무엇이 있었기에 우정에 금이 갔던 것일까요. 그에 앞서 자연주의라는 것에 대해 알 필요가 있습니다. 사람들은 흔히 졸라를 자연주의 소설가라고 부릅니다. 연못을 기어 다니는 소금쟁이가 떠오르나요? 자연주의란 것은 일종의 관찰하는 것입니다. 사실주의가 있는 그대로 현실을 묘사, 제시하고자 했다면, 자연주의는 대상을 마치 과학자의 눈으로 분석, 관찰, 검토, 보고하는 것입니다. 소금쟁이가 물의 표면을 어떻게 미끄러지듯 다니는지 땅에선 어떤지 우리는 눈을 통해 관찰하고 분석하며 그 내용을 종이에 씁니다. 졸라는 이것을 똑같이 했습니다. 단지 그는 소금쟁이보단 인간, 연못 보단 사회라는 울타리에 관심이 있었습니다. 다시 말해 사실주의 소설가가 소금쟁이를 있는 그대로 묘사한다면, 자연주의 소설가는 소금쟁이의 행동을 분석하고 관찰을 하지요.

이러한 졸라의 인간과 사회에 관한 자연주의적인 관심은 훗날 〈루공 마카르〉라는 20권짜리 시리즈를 만드는데 까지 이릅니다. 폴 세잔과의 결별을 하게 된 〈작품〉은 바로 이 〈루공 마크르〉 시리즈의 열네 번째 소설이었습니다. 졸라는 이 소설 속에 재능 없는 화가 클로드란 인물을 묘사하며 비극적인 결말로 소설을 마무리 짓습니다. 세잔은 바로 이 파국적인 클로드란 인물이 자신이라고 생각한 것입니다. 이러한 점은 소설 속의 다른 인물들이 졸라를 비롯해 주변의 실제 인물들과 유사했기에 그 분노는 더 커졌습니다. 이후 세잔은 졸라를 보지 않았지만, 그가 생을 마감했을 때 크게 슬퍼했다고 합니다.

소설로 평생의 죽마고우였던 친구까지 잃은 졸라, 그는 소설을 통해 무언가 말하고 싶었던 것입니다. 그런 그가 드레퓌스 사건에서 어떤 활약을 했는지 궁금해지는 대목입니다.

6화
나는 고발한다

신문 판매소 벽에 붙은 종이를 보고 사람들이 구름떼처럼 몰려들었다.

"에밀 졸라가 드레퓌스 편을 들었다고?"

"그게 말이 돼?"

"졸라가 왜?"

사람들은 졸라가 쓴 글을 보려고 아우성이었다. 평소보다 열 배나 많은 신문을 찍었지만 순식간에 동이 나버렸다. 신문을 구하지 못한 사람들은 신문을 보고 있는 사람 옆에 서서 어깨너머로 신문을 읽었다. 온 나라가 멈춰버린 듯했다. 모두들 하던 일을 멈추고 숨죽여 졸라의 글을 읽었다. 글의 제목은 〈나는 고발한다! - 공화국 대통령 펠릭스 포르 씨에게 보내는 편지〉였다.

에밀 졸라는 썼다.

이게 어찌 된 일입니까?

군사법정이 에스테라지라는 악당에게 무죄 판결을 내렸습니다. 간첩 행위를 저지른 저 반역자에게 무죄 판결을 내린 것입니다. 프랑스의 대통령인 당신의 이름을 걸고 말입니다.

끝났습니다, 각하. 이로써 프랑스의 정의와 명예는 떨어졌습니다. 그들이 감히 그렇게 했습니다. 그러므로 저는 감히 이렇게 하겠습니다. 진실! 저는 진실을 말하겠습니다. 이 나라의 재판부가 밝히지 않기에 저라도 진실을 밝히겠습니다.

3년 전, 프랑스의 군사비밀이 담긴 명세서가 독일대사관으로 전해진 사건이 있었습니다. 정보국은 제대로 조사를 해보지도 않은 채 엉터리 결론을 내렸습니다. 그들은 참모본부 장교 중 한 사람을 의심하기 시작했습니다. 프랑스 국민이면서 프랑스인이 아닌 자, 유대인 드레퓌스를 말입니다. 조사를 맡은 자는 디파티 드클랑 소령이었습니다. 디파티 드클랑!

이 자가 바로 거짓과 불의로 가득 찬 조사와 재판을 이끈 인물입니다. 이 악당은 조사를 시작하기도 전에 제멋대로 결론을 내렸습니다. 유대인 드레퓌스가 범인이다! 유대인이니까 그가 간첩일 수밖에 없다! 그리고 억지 조사를 벌이고 거짓 증거를 끼워 맞추었습니다. 이 악당이 드레퓌스를 실제와는 전혀 다른 인물, 간첩으로 재창조한 것입니다.

그것은 디파티 드클랑 소령의 머릿속에나 있는 어처구니없는 상상에 불과합니다. 이 자가 상상을 현실로 만들기 위해 모든 것을 꾸며낸 것입니다. 군사법정의 기소장을 조금만 주의 깊게 살펴보면 이 사실은 금방 드러납니다.

드레퓌스는 외국어를 할 줄 압니다, 유죄!

그는 가끔 조상의 나라를 방문합니다, 유죄!

그는 성실하며 호기심이 많습니다, 유죄!

그는 마음이 울적합니다, 유죄!

유죄! 유죄! 유죄!

이 얼마나 어처구니없는 기소장입니까! 이런 말도 안 되는 기소장으로 한 인간에게 유죄 판결을 내리다니요! 이런 기소장으로 한 사람을 평생토록 악마섬에 가두다니요!

수많은 죄목을 갖다 붙였지만 결국 말이 되는 것은 오직 하나, 명세서뿐이었습니다. 드레퓌스가 유죄라는 것을 증명해줄

비밀서류! 절대로 공개할 수 없는 비밀서류! 공개되는 순간 프랑스를 전쟁터로 바꿔놓을 무시무시한 비밀서류! 볼 수도 없고 알 수도 없는 전지전능한 신과도 같은 비밀서류!

저는 그 비밀서류를 온몸으로 거부합니다!

한마디로 웃기는 서류입니다. 그건 거짓입니다. 거짓이고 말고요. 양심의 가책도 없이 새빨간 거짓말을 늘어놓다니 정말 가증스럽고 파렴치한 인간들입니다. 그들은 국민 뒤에 숨어서 사람들의 마음을 흔들어놓고, 바른 생각을 못하게 만들고, 입을 막았습니다. 저는 이보다 더 큰 범죄를 본 적이 없습니다.

대통령 각하, 바로 이렇게 해서 죄 없는 한 인간을 간첩으로 만드는 범죄가 저질러졌습니다. 드레퓌스는 우리 시대의 불명예인 '더러운 유대인 사냥'의 희생자인 것입니다.

정보국장이 된 피카르 중령은 엽서 한 통을 손에 넣게 되었습니다. 외국 대사관 요원이 에스테라지 소령에게 보낸 것이었지요. 그는 면밀한 조사를 통해 에스테라지 소령이 드레퓌스 사건의 명세서를 쓴 인물이라는 사실을 밝혀냈습니다.

피카르 중령은 공스 장군에게 이 사실을 보고했습니다. 당연히 참모총장과 국방부장관도 보고를 받았습니다. 보고를 받는 순간 그들은 단번에 알아챘을 겁니다. 에스테라지야말

로 의심할 나위 없는 진짜 간첩이라는 것을, 드레퓌스가 무죄라는 것을요. 피카르 중령의 조사가 너무나 확실해서 그럴 수밖에 없었을 겁니다.

충격을 받았겠지요. 에스테라지를 간첩으로 잡아넣으려면 재판을 다시 열어서 드레퓌스의 무죄를 인정해야만 합니다. 그것은 이 나라의 군대가, 참모본부가 엄청난 실수를 저질렀다는 것을 만천하에 알리는 일이었습니다. 장군들은 그것만큼은 막아야겠다고 생각했던 겁니다.

그 점을 이해하시겠습니까! 그들은 드레퓌스가 무죄라는 사실을 알고도 진실을 숨기는 데 급급했습니다! 바로 자신들의 잘못과 실수를 감추기 위해서 말입니다!

하지만 그들은 이 정의로운 소리에 귀를 틀어막았습니다. 대신 정의를 파묻어버리기로 결정했습니다. 그들은 피카르 중령을 머나먼 곳으로 보내버렸습니다. 점점 더 먼 곳으로, 점점 더 위험한 곳으로 그를 추방했습니다.

그들은 진짜 간첩 에스테라지에게 무죄를 선고했습니다. 죄 없는 드레퓌스에게 무죄를 선고하지 않기 위해서 말입니다. 자신들의 잘못을 인정하느니 차라리 간첩을 풀어주는 게 낫다고 생각한 겁니다. 하지만 그것만으로는 부족했습니다. 확실히 덮으려면 더 많은 죄악이 필요했습니다. 양심적인 한 인간, 홀로 충실히 할 바를 다 했던 피카르 중령을 감옥에 처넣을 필요가 있었으니까요!

그게 이틀 전에 일어난 일입니다.

오, 정의여. 이 얼마나 끔찍한 절망인지요!

대통령 각하, 진실은 이처럼 단순합니다. 저는 정의의 승리를 추호도 의심하지 않습니다. 더욱 강한 확신으로 거듭 말씀드립니다. 진실이 전진하고 있고, 아무것도 그 발걸음을 멈추게 하지 못할 것입니다.

편지가 길었습니다. 대통령 각하, 이제 긴 편지를 마무리할 시간이 되었습니다.

저는 디파티 드클랑 중령을 고발합니다. 그가 이 모든 거짓과 죄악을 꾸며낸 자이기 때문입니다. 저는 공스 장군을 고발합니다. 드레퓌스가 무죄라는 사실을 알고도 군대의 잘못을 인정해서는 안 된다는 이유로 침묵했기 때문입니다. 저는 참모총장을 고발합니다. 이 죄악을 충분히 바로잡을 수 있는 힘이 있는 데도 그렇게 하지 않았기 때문입니다. 저는 세 명의 글씨전문가를 고발합니다. 그들이 재판정에서 거짓말을 했기 때문입니다. 저는 국방부장관을 고발합니다. 군대의 잘못을 숨기기 위해 신문들을 부추겨 거짓 정보를 퍼뜨렸기 때문입니다. 저는 첫 번째 군사법정을 고발합니다. 그들이 비공개 서류를 들이밀며 피고에게 유죄를 선고함으로서 법을 위반했기 때문입니다. 저는 두 번째 군사 법정을 고발합니다. 그들이 상관들의 명령에 따라 첫 번째 군사법정의 잘못을 숨기기 위해 진실을 알고서도 범죄자를 무죄로 풀어주었기 때문입니다.

이 고발로 인해 명예훼손죄로 법정에 설 수 있다는 사실을 저는 잘 알고 있습니다. 사실 저는 그 법정에 서기 위해 일부러 이 고발을 하고 있습니다. 진실과 정의의 폭발을 앞당기기 위해서 말입니다.

부디 저를 중죄 재판소로 불러 푸른 하늘 아래 조사하시기 바라겠습니다!

기다리겠습니다.

존경과 함께 인사드립니다, 대통령 각하.

안녕히 계십시오.

졸라의 글은 온 프랑스를 충격에 빠트렸다.

국민들은 졸라의 글을 믿을 수가 없었다. 프랑스를 지키는 위대한 군대가 이토록 추악한 짓을 저질렀다는 것을 인정할 수가 없었다. 죄악을 저지른 것은 유대인이어야 했다. 나라를 팔아먹은 것도, 나라를 위기에 빠트리는 것도 군대가 아니라 유대인이어야 했다.

프랑스의 국민들은 분노에 휩싸였다. 프랑스에서 저질러진 이 거짓과 죄악을 향한 분노가 아니었다. 전 세계가 사랑하는 작가, 프랑스를 대표하는 작가, 정의를 부르짖는 작가 에밀 졸라를 향한 것이었다.

"다 거짓말이야!"

사람들은 소리쳤다.

"에밀 졸라가 말도 안 되는 거짓말로 군대를 모욕하고 있는 거라고!"

신문을 움켜쥔 사람들이 길거리로 쏟아져 나왔다. 구름떼처럼 모인 사람들이 졸라의 집을 향해 행진하기 시작했다. 그들은 소리쳤다.

"유대인을 죽여라!"

"졸라를 죽여라!"

"군대 만세!"

그들은 바닥에 나뒹구는 돌을 집어 들어 졸라의 집을 향해 던졌다. 수십 개의 돌이 졸라의 집으로 날아들었다. 창문이 깨지고, 창살이 박살났다. 뒤늦게 경찰이 출동해 그들을 막았다. 그들은 소리쳤다.

"잘 들어라! 졸라! 너 같은 배신자들이 판을 쳐도 소용없다! 우리 프랑스의 시민들은 이제부터 스스로 경찰이 될 것이다! 우리는 유대인에게 굴복하지 않아! 우리는 스스로를 지킬 것이다!"

"유대인을 몰아내자! 유대인을 쫓아버리자!"

프랑스 사람들이 사랑했던 작가 에밀 졸라는 이렇게 버림받았다. 하루아침에 그는 프랑스 사람들이 가장 증오하는 사람이 돼 버렸다.

하지만 나라밖은 달랐다. 세계 곳곳에서 졸라에게 응원을 보내는 편지가 3만 통이나 날아들었다. 전 세계의 예술가들과 학자들, 정치인들이 보낸 것이었다. 〈톰 소여의 모험〉을 쓴 미국의 작가 마크 트웨인은 〈뉴욕 헤럴드〉에 이렇게 썼다.

"나는 졸라에게 깊은 존경과 끝없는 찬사를 보내고 싶다. 군인과 성직자 같은 겁쟁이 위선자 아첨꾼은 한 해에도 백만 명씩 태어난다. 그러나 잔다르크나 에밀 졸라 같은 인물이 나오는 데는 5세기가 걸릴 것이다."

그러나 프랑스만은 달랐다. 온 프랑스가 졸라를 증오하고 있었다. 그 자신이 편지에서 썼듯이 에밀 졸라는 고발을 당했다. 푸른 하늘 아래서 재판을 받게 된 것이다.

7화
졸라를 죽여라

　에밀 졸라의 재판이 열리는 날, 분노에 찬 사람들이 구름떼처럼 재판정으로 몰려들었다.
　"배신자 에밀 졸라!"
　"죽어버려!"
　에밀 졸라가 모습을 드러내자 사람들은 술렁거렸다. 욕지거리를 내뱉었고, 고함을 질렀고, 허공에 주먹을 휘둘러댔다. 에밀 졸라는 아무 말 없이, 별 다른 표정도 없이 천천히 재판정 안으로 들어갔다.
　재판정은 사람들로 꽉 차 있었다. 방청석을 가득 채운 것은 물론이고 배심원과 판사석 옆 바닥에도 사람들이 주저앉아 있었다. 창틀에 걸터앉은 사람들도 있었다. 그들 모두가 이 세계적인 노작가를 증오에 찬 눈빛으로 노려보고 있었다.

졸라는 지팡이를 짚고 천천히 앞쪽으로 걸어갔다. 그리고 조용히 피고석에 앉았다.

"조용, 조용. 시끄럽게 떠드는 사람은 재판정에서 쫓아내겠소."

재판관이 소리쳤다. 재판정 안은 조용해졌고 재판이 시작되었다. 검사관이 말했다.

"에밀 졸라는 얼마 전 신문에 긴 글을 실었습니다. 그 글은 이 나라를 지키는 충성스러운 군인들을 비난하고 욕하는 내용으로 가득 했습니다. 명령에 따라 공명정대하게 재판을 진행한 재판관을 비난했고, 정보부의 충실한 조사관들을 모욕했습니다. 심지어 참모총장과 국방부장관마저 모욕했습니다. 이것은 단순한 명예훼손이 아닙니다. 훨씬 더 악질적인 범죄입니다. 그는 이 나라를 지키는 프랑스의 군대를 모욕하고 비웃은 것입니다. 이 나라를 지키는 영광스러운 프랑스 군대를 말입니다. 이것은 이 나라 프랑스를 모욕하고 비웃은 것이나 마찬가지입니다. 따라서 에밀 졸라는 명예훼손죄의 최고형인 징역 1년형을 받아 마땅합니다."

검사관의 말이 끝나자 사방에서 박수가 쏟아졌다. 환호성을 지르는 사람들도 있었다. 에밀 졸라의 변호인이 법정으로 차분히 걸어 나왔다.

"만약 에밀 졸라가 거짓말을 했다면 검사관의 말대로 그는 틀림없는 유죄입니다. 하지만 만약 그의 말이 진실이라면 그는 틀림없는 무죄일 것입니다. 정당한 고발이 될 테니까요. 결국 에밀 졸라의 글이 진실이냐 거짓이냐를 가리는 것이 이 재판의 핵심인 겁니다. 그러기 위해서는 드레퓌스 사건을 재조사해야만 합니다. 따라서 본 변호인은 드레퓌스 사건을……."

"이보시오. 변호인."

재판관 변호인의 말을 가로막았다.

"이 재판은 에밀 졸라가 저지른 명예훼손죄를 가리는 재판이지 드레퓌스 사건의 재판이 아니오. 드레퓌스 사건 이야기는 꺼내지 마시오."

"하지만 이 재판에서 다루고 있는 졸라의 글이 바로 드레퓌스 사건을……."

"드레퓌스 사건은 끝났소! 졸라의 명예훼손에 관한 이야기만 하시오!"

재판관은 변호인의 말을 듣지 않기로 작정한 사람 같았다. 재판관은 변호인의 말은 번번이 가로막았고, 변호인의 증인 요청도 번번이 거부했다. 하지만 거기에도 한계는 있었다. 졸라의 재판은 드레퓌스의 재판과는 달랐다. 군사법정에서 열리는 재판도 아니었고, 비밀 재판도 아니었다. 온 프랑스가 지켜보는 재판이었다. 법률과 절차를 지키는 시늉이라도 해야 했던 것이다.

결국 변호인은 첫 번째 증인을 증인석에 세울 수 있었다. 증인은 법률가로 드레퓌스의 재판에 참여했던 심판관 중 한 명과 친구 사이였다. 변호인이 물었다.

"증인은 오랜 세월 법률가로 활동해오셨습니다. 증인께서는 드레퓌스의 판결에 대해 이상하게 여긴 점이 있다고 들었는데, 어떤 점이 이상했습니까?"

"법률가라면 누구나 그 판결을 이상하게 여길 수밖에 없을 겁니다. 드레퓌스의 유죄를 증명하는 유일한 증거는 〈명세서〉였는데 그 〈명세서〉를 드레퓌스가 썼다는 것을 밝힐 수 없었기 때문입니다. 그래서 저는 심판관이었던 친구에게 이 점에 대해 물어본 적이 있습니다."

"심판관은 뭐라고 대답했나요?"

그때 재판관이 끼어들었다.

"본 재판과 상관없는 질문이오. 허락할 수 없소!"

변호인은 할 수 없다는 듯 다른 질문을 했다.

"증인은 본 재판에서 졸라 씨에게 도움이 될 만한 어떤 것을 알고 계십니까?"

"그 질문도 허락할 수 없소!"

재판관이 버럭 고함을 질렀다. 변호인이 재판관을 쏘아보았다. 재판관도 변호인을 노려보았다. 변호인은 작정한 듯 증인을 돌아보았다.

"증인은 그 재판의 증거가 사실은 비밀문서였다는 얘기를 들었습니까? 예, 아니오로 짧게 대답해주십시오. 지금 당장."

재판관과 증인이 동시에 말했다.

"네."

"대답하지 마시오!"

재판관의 얼굴이 벌겋게 달아올랐다. 밝혀지지 말아야 할 사실 하나가 밝혀져 버린 것이다. 에밀 졸라가 글에서도 썼던 사실, 드레퓌스 판결에 사용되었던 진짜 증거가 〈명세서〉가 아니라 누구도 본 적이 없는 비밀문서였다는 사실 말이다.

재판관의 끈질긴 방해에도 불구하고 재판은 점점 더 졸라에게 유리한 방향으로 흘렀다. 그럴 수밖에 없었다. 졸라는 진실을 말하고 있었다. 더 많은 증인이 나오고, 더 많은 말을 할수록 어떤 식으로든 진실이 드러날 수밖에 없었다.

그때였다. 누군가 손을 번쩍 들고 소리쳤다.

"재판관! 나를 증인으로 세워주시오!"

벨리외라는 장군이었다. 재판관은 의아한 표정으로 되물었다.

"장군을요?"

"그렇소. 군대가 모욕당하는 꼴을 더 이상은 못 보겠소. 드레퓌스는 간첩이오! 내가 그 사실을 명백하게 증명할 수 있소. 그러니 나를 증인으로 세워주시오."

재판관의 표정이 밝아졌다. 마치 구원이라도 받은 사람 같았다.

"알겠습니다. 벨리외 장군. 증인석으로 나와 주십시오."

벨리외 장군은 증인석으로 나왔다. 그는 재판정에 앉아 있는 사람들을 둘러보았다. 그는 굳은 목소리로 말했다.

"참담한 마음을 감출 길이 없소. 국민의 믿음과 사랑을 받아야 할 군대가 말도 안 되는 모욕을 당하다니 참을 수 없는 분노와 슬픔을 느끼오. 군사재판은 정직하고 명예로운 군인들이 이끄는 재판이오. 그 군사재판에서 드레퓌스는 유죄를 판결을 받았소. 또한 군사재판에서 에스테라지는 무죄 판결을 받았소. 이 결과를 어떻게 의심할 수 있단 말이오! 그것은 판결을 내린 군인들의 정직함을 의심한다는 뜻이오. 어떻게 프랑스를 위해 목숨을 바칠 숭고한 군인들의 명예를 이렇게까지 짓밟을 수 있단 말이오!"

재판정을 가득 채운 사람들이 뜨거운 박수를 보냈다. '군대 만세!'를 외치는 목소리도 들려왔다. 벨리외 장군은 침착한 목소리로 말을 이었다.

"그래서 나는 지금 이 자리에서 말도 안 되는 이 모욕을 끝내려 하오. 드레퓌스가 간첩이라는 명백한 증거가 있소! 지난번 에스테라지 소령의 재판 때 나는 참모총장으로부터 그 명백한 증거에 대해 들었소! 독일의 군인이 간첩 드레퓌스에게 정보를 요구하는 편지요! 간첩 드레퓌스의 이름이 똑똑히 적힌 편지 말이오!"

벨리외 장군이 그 말을 내뱉는 순간, 방청석에 앉아 있던 앙리 소령의 얼굴이 새하얗게 질렸다. 벨리외 장군이 말한 편지, 그 편지는 에스테라지 소령을 무죄로 만들기 위해 그가 제멋대로 꾸며 낸 가짜 편지였다. 드레퓌스 사건에 뒤얽혀 있는 수많은 거짓들과 조작들 중에 하나였던 것이다.

벨리외 장군은 말했다.

"그 편지는 진짜로 있소. 나의 명예를 걸고 맹세할 수 있소. 그 편지를 확인하고 싶다면 참모총장에게 물어보시오."

벨리외 장군은 뜨거운 박수를 받으며 자리에 앉았다. 벨리외 장군의 얼굴은 뿌듯함과 확신으로 가득 차 있었다.

벨리외 장군은 물론 박수를 치는 사람들 모두가 이 재판은 이제 끝났다고 생각했다. 드레퓌스는 영원히 악마섬에 갇힐 것이고, 졸라도 감옥으로 끌려가게 될 거라고 말이다. 그들은 그 편지가 가짜일 거라고는 꿈에도 생각지 못했던 것이다.

"좋습니다. 그 문서를 보기로 합시다."

졸라의 변호사가 말했다.

"벨리외 장군의 말이 사실이라면 그 편지는 이 재판정에 정식

제출되어야만 합니다. 그래야만 죄인이 누구든 체포할 수 있는 것입니다. 프랑스의 법이 그렇게 정하고 있으니까요. 법대로 증거를 공개해주십시오."

이 갑작스러운 상황 앞에 겁을 집어먹은 것은 앙리 소령만이 아니었다. 디파티 소령도, 공스 장군도 그 편지가 가짜라는 것을 알고 있었다. 들통 난다면 모든 게 끝장날 것이었다. 더 많은 거짓들, 더 많은 조작들이 줄줄이 탄로 날 게 불을 보듯 뻔했다.

공스 장군이 자리에서 벌떡 일어났다.

"흠흠. 재판관님. 우리 군대는 진실이 밝혀지는 것을 두려워하지 않습니다. 티끌만한 잘못도 저지르지 않았기 때문입니다. 하지만 그 편지는 군사비밀입니다. 재판정에 공개할 수는 없습니다."

공스 장군의 말이 벨리외 장군을 화나게 했다. 벨리외 장군이 벌떡 일어나 말했다.

"공스 장군! 지금 무슨 소릴 하는 거요? 나는 참모총장에게 그 편지의 내용을 들었소. 그 정도는 공개해도 되는 내용이오. 참모총장을 모셔 오시오! 편지를 공개하고 이 치욕적인 재판을 얼른 끝내란 말이오!"

다시 한번 박수가 쏟아져 나왔다. 재판을 지켜보는 사람들도 벨리외 장군과 같은 생각이었던 것이다.

결국 참모총장을 증인으로 세우기 위해 재판이 연기되었다. 사람들이 우르르 재판정을 빠져나갔다. 하지만 공스 장군과 앙리 소령, 디파티 소령은 하얗게 질린 얼굴로 얼어붙은 듯 자리에 앉아 있었다.

에밀 졸라는 지팡이를 짚고 자리에서 일어났다. 재판정 앞에는 엄청난 숫자의 사람들이 졸라를 기다리고 있었다. 그들은 주먹질을 하며 분노에 찬 함성을 내질렀다.

"졸라를 죽여라! 유대인을 죽여라!"

증오에 찬 그 외침 속에서도 졸라의 표정은 놀라우리만큼 평온했다. 졸라는 자신을 죽이라고 소리치는 사람들 사이로 뚜벅뚜벅 걸어갔다. 지팡이를 짚은 채 한 계단 한 계단 천천히.

재판이 다시 열렸다.

첫 번째 증인은 참모총장이었다. 하지만 그는 딱 두 가지 이야기, 군대를 믿어야 한다는 것, 편지는 군사비밀이어서 밝힐 수 없다는 것만 말하고는 재판정을 나가버렸다.

두 번째 증인은 드레퓌스의 무죄를 주장했던 정보국장 피카르 중령이었다. 졸라의 변호인이 물었다.

"증인은 정보국장으로 있을 때 드레퓌스 사건의 증거 자료들을 모두 보았습니까?"

"그렇습니다. 수백 번 들여다보았습니다."

"그렇다면 벨리외 장군이 말한 편지도 보셨겠군요?"

"아니요. 보지 못했습니다. 그런 편지는 없었으니까요. 만약 그런 편지가 진짜 있다면 그건 누군가 가짜로 만든 것이 틀림없습니다."

재판정 안은 쥐 죽은 듯 조용했다. 어떤 아우성도, 고함소리도 들리지 않았다. 재판정 안에 있는 모든 사람들이 충격을 받은 게 틀림없었다.

"편지가 가짜다? 좋소. 정보국을 책임지고 있는 공스 장군, 증인석으로 나오시오."

재판관의 목소리가 재판정 안을 울렸다. 공스 장군은 선뜻 자리에서 일어나지 못했다. 그는 느릿느릿 증인석으로 나왔다. 그리고 늘 해왔던 말, 드레퓌스의 재판 때부터 지금껏 해왔던 말을 또 다시 되풀이했다.

"그 편지는 진짜입니다. 하지만 군사비밀이기 때문에 더 이상은 말할 수 없습니다."

다음 증인인 앙리 소령도 마찬가지였다. 미리 짜고 오기라도 한 듯 그들은 '군사비밀'이라는 말만 되풀이 했다. 꼭 연습을 많이 한 연극배우들 같았다.

하지만 모두가 연기를 잘해낸 것은 아니었다. 에스테라지 소령은 증인석에 올라올 때 이미 제정신이 아닌 듯 보였다. 얼굴은 하얗게 질려 있었고, 손은 부들부들 떨렸다. 그는 자신의 죄가 탄로 날지도 모른다는 두려움에 사로잡혀 있었던 것이다. 에스테라지 소령은 말도 안 되는 이야기를 마구 늘어놓았다.

"음, 국방부장관은 어리석은 사람입니다. 에밀 졸라의 계략에 걸려 들어버렸어요. 저는…… 저는 결핵 환자입니다. 유대인들이 그 사실을 알고 이렇게 재판을 열어서 저를 괴롭히는 겁니다. 저를 죽이려고요. 하지만 결국 내가 유대인들을 쥐 잡듯이 잡아 죽이게 될 겁니다. 나 에스테라지가 유대인 백 명을 한 감방에 처넣고는 숨이 끊어질 때까지 채찍질을 하게 될 겁니다."

에스테라지 소령은 미친 사람처럼 소리쳤다. 빨갛게 물든 눈에는 눈물이 그렁그렁했고, 목소리는 터무니없이 컸다. 말은 앞뒤가 전혀 맞지 않았다. 에스테라지 소령은 계속 말했다.

"만약 졸라가 무죄로 풀려난다면 나는 파리 사람들과 함께 폭동을 일으킬 겁니다. 이 프랑스를 위해서요. 장담하건데 드레퓌스가 풀려나서 프랑스로 돌아오는 날에는 파리에서만 5천 명의 유대인이 죽어나갈 것입니다!"

에스테라지 소령은 엄숙한 표정으로 말했다.

"저는 재판관님과 검사관님의 질문에는 기꺼이 충실하게 대답하겠습니다."

그리고는 졸라를 손가락질하며 경멸하듯 말했다.

"그러나 이 자들에게는 대답하지 않겠습니다. 그들이 묻는 어떤

질문에도 대답하지 않겠습니다. 제가 왜요? 절대로 하지 않겠습니다."

공스 장군과 앙리 소령, 디파티 소령의 얼굴은 딱딱하게 굳어 있었다. 불안함으로 가슴이 타들어가는 것만 같았다.

재판이 막바지로 치닫고 있었다.

졸라의 유죄 판결은 불을 보듯 뻔했다. 군대는 '군사비밀'이라며 입을 닫았고, 여전히 많은 사람들이 졸라를 증오하고 있었다. 재판관과 배심원들은 무죄 판결을 내리고 싶다 해도 그럴 수 없을 것이었다. 무죄 판결을 내리는 순간, 졸라를 향한 모든 분노와 공격이 고스란히 재판관과 배심원들을 향할 게 불을 보듯 뻔했다. 누구라도 그런 용기를 내기는 어려웠다.

그럼에도 불구하고 졸라의 표정은 평온했다. 졸라는 마지막 변론을 하기 위해 조용히 자리에서 일어났다. 재판정 안에 있는 모든 사람들이 그를 쳐다보았다.

"나는 평생을 글을 써온 작가입니다. 세상의 어두운 곳을 들여다보고 진실을 진실대로 쓰는 것. 그게 제가 평생을 바쳐 해온 일이지요. 제가 이 싸움에 뛰어든 이유도 바로 그 때문입니다. 제가 해온 일을 계속 하기 위해서 말입니다. 사실 나의 가족들과 친구들은 저를 말렸습니다. 군대와 국가를 상대로 싸우는 것은 미친 짓이라고요. 이 싸움에 뛰어들었다가는 제 삶도 끝장이 나고 말

거라고요."

졸라는 재판정을 휘둘러보았다.

"그렇겠지요. 하지만 그게 무슨 상관입니까? 자유와 정의의 나라 프랑스가 병들어가고 있는데, 내가 사랑하는 조국 프랑스가 죄 없는 한 사람을 짓밟는 괴물로 변해가고 있는데 제 삶 따위가 무슨 상관이겠습니까? 아무 상관도 없습니다.

여러분, 국가가 저를 이 재판소로 불러냈다고 생각하십니까? 천만에요! 저는 제가 원해서 이 자리에 서 있는 겁니다. 제가 이 문제의 진실을 밝히기로 결정했고, 제가 여러분들을 재판관으로 정한 겁니다. 이유가 뭔 줄 아십니까? 바로 프랑스 때문입니다. 프랑스의 정의 때문입니다! 어떤 경우에도 정의로운 법이 무시되어선 안 됩니다. 어떤 경우에도 진실이 무시되어서는 안 됩니다. 어떤 경우에도 국가의 이름으로 죄 없는 한 인간을 짓밟아서는 안 됩니다. 오늘은 드레퓌스이지만 내일은 여러분일 수 있습니다! 국민 한 사람, 한 사람이 존중 받을 수 있어야 합니다. 그게 프랑스의 정의입니다. 여러분, 지금은 중요한 순간입니다. 프랑스가 정의로운 민주국가로 돌아가느냐, 불의로 가득한 나라가 되느냐를 결정하는 순간이기 때문입니다."

졸라는 안경을 벗고 배심원들의 눈빛을 하나하나 쳐다보았다. 그리고 말을 이었다.

"나의 삶과 명예를 걸고 말하겠습니다. 드레퓌스는 무죄입니다. 이 재판정에서, 이 나라를 이끄는 당신들과 배심원 여러분 앞에서, 프랑스 앞에서, 나는 드레퓌스의 무죄를 선언합니다. 나의 작가 생활 40년과 나의 작품들을 걸고서 나는 드레퓌스의 무죄를 선언합니다. 내가 가진 모든 것, 내가 이룩한 명성, 프랑스문학에 끼친 나의 공로, 이 모든 것을 걸고서 드레퓌스가 무죄임을 맹세합니다. 여러분, 드레퓌스는 무죄입니다."

졸라의 뜨거운 연설에 재판정은 물을 끼얹은 듯 조용했다. 배심원들의 눈빛이, 재판정을 채운 사람들의 눈빛이 흔들렸다.

하지만 결과는 바뀌지 않았다.

에밀 졸라는 징역 1년형에 벌금 3천 프랑을 선고받았다.

8화
진실을 향한 외침

　피카르 중령은 감옥으로 돌아갔다. 드레퓌스는 풀려나지 못했고, 에밀 졸라는 도망치듯 영국으로 떠나야 했다. 쉐러 상원의원은 건강을 해쳐 병상에 눕고 말았다. 에밀 졸라 편에 섰던 사람들은 직장에서 쫓겨났다. 그렇게 모든 것이 끝난 것만 같았다. 적어도 몇 개월 동안은 그런 것 같았다.
　"내가 이겼어! 내가 이겼다고! 하하하하."
　에스테라지 소령은 아침 신문을 읽으며 킥킥댔다. 그는 온 나라를 속아 넘겼다는 기분에 사로잡혔다. 에밀 졸라와 쉐러 상원의원 같은 거물들을 넘어뜨렸다는 통쾌함은 몇날며칠, 몇 개월이 흘러도 좀처럼 가라앉지 않았다.

에스테라지 소령은 휘파람을 불며 신문을 넘겼다. 신임 수상의 연설 내용이 실려 있었다. 에스테라지 소령은 빵을 먹으며 신임 수상의 연설문을 읽었다. 신임 수상은 드레퓌스가 유죄라는 군사 법원의 판결은 명백히 옳다고 말했다.

"암, 옳고말고."

희희낙락하며 연설문을 읽던 에스테라지 소령의 눈이 갑자기 휘둥그레졌다.

"잠깐…… 이게 뭐야?"

에스테라지 소령은 너무 놀란 나머지 빵을 떨어뜨리고 말았다.

…… 하지만 드레퓌스 사건을 다시 조사해야 한다고 주장하는 사람들이 누구입니까? 프랑스를 대표하는 예술가요 학자들입니다. 저는 그들이 일부러 군대를 공격했다고는 생각하지 않습니다. 그들도 프랑스를 사랑하는 프랑스의 국민이니까요. 다만 그들은 군대를 오해했던 것이라고 저는 믿습니다. 저는 이 오해를 풀어야 한다고 생각합니다. 그래야만 진실로 우리 군대의 명예가 회복될 것이기 때문입니다. 그래야만 우리 프랑스가 더욱 발전할 수 있기 때문입니다. 따라서 저는 드레퓌스 사건을 한 치의 의혹도

없이 밝히고자 합니다. 이 깊은 오해를 풀어 군의 명예를 진정으로 드높이고자 합니다.

이유 따윈 중요하지 않았다. 중요한 건 새 수상이 드레퓌스 사건을 재조사하겠다고 말했다는 것이었다.

새 수상은 대부분의 프랑스 국민이 그렇듯 드레퓌스의 유죄를 믿는 사람이었다. 그럼에도 불구하고 그가 드레퓌스 사건의 재조사를 하려는 데는 그만한 이유가 있었다.

에밀 졸라의 재판 이후, 프랑스는 하루도 조용할 날이 없었다. 진실을 향한 에밀 졸라의 외침이 사람들의 마음을 흔들어놓았고, 드레퓌스 사건을 다시 조사해야 한다고 주장하는 사람들은 점점 늘어갔던 것이다. 그들의 숫자는 많지 않았고, 졸라처럼 온 프랑스의 공격을 받았다. 하지만 그들은 멈추지 않았다. 졸라는 재판에서 졌지만, 정의는 결코 꺾이지 않았던 것이다.

"안 돼! 절대로 안 돼!"

에스테라지 소령은 겁에 질려 소리쳤다. 어떻게든 재조사를 막아야 했다. 다시 조사를 받는다면 이번에야 말로 빠져나갈 구멍이 없을 것이기 때문이었다. 에스테라지 소령은 앙리 소령과 디파티 소령을 찾아갔다. 하지만 그들이라고 뾰족한 수가 있을 리 없었다. 에스테라지 소령은 겁에 질려 소리쳤다.

"내가 혼자 죽을 것 같아? 당신들도 드레퓌스가 아니라 내가 간첩이라는 걸 알고 있었잖아. 당신들이 증거를 조작했잖아. 내가 잡혀 들어가면 당신들도 끝장이야. 그러니 재조사를 막아. 막으란 말이야!"

에스테라지 소령은 겁에 질린 나머지 이성을 잃고 말았다. 그는 닥치는 대로 떠들어댔다. 그는 참모총장에게도 똑 같은 협박을 했다. 심지어 대통령에게도 협박 편지를 보냈다. 그런 짓을 하고도 무사할 사람은 없었다. 에스테라지 소령은 결국 감옥에 갇히고 말았다. 간첩 혐의가 아니라 상관을 협박한 죄였다.

거짓은 급격하게 무너져 내리기 시작했다.

에스테라지 소령이 감옥에 갇히자 드레퓌스 사건에 대한 의심은 더욱 커졌다. 새로 부임한 국방부장관은 드레퓌스 사건의 재조사에 들어갔다. 국방부장관은 충격을 받고 말았다. 가짜 편지들과 조작된 증거들이 끝도 없이 쏟아져 나왔던 것이다.

국방부장관은 굳은 목소리로 앙리 소령에게 물었다.

"앙리 소령. 도대체 어떻게 된 일인지 설명해보시오."

"무슨 말씀이신지……."

앙리 소령은 영문을 모르겠다는 듯 말했다.

"귀관이 한 일을 설명하면 되오."

"저는 설명이 필요한 어떤 짓도 하지 않았습니다."

국방부장관은 조작된 증거들과 가짜 편지들을 책상 위에 쏟아부었다.

"이걸 보고도 그런 말이 나오오? 어서 말 하시오. 증거들을 조작했잖소!"

앙리 소령은 창백한 얼굴로 대답했다.

"아, 아닙니다. 국방부장관님. 저는 재판관님의 이해를 돕기 위해서 몇몇 문장들만 바꾸었을 뿐입니다. 그것은 아주 작은 부분들입니다."

국방부장관은 앙리 소령에게 편지를 내밀었다.

"귀관이 바꾼 부분이 어디요? 말해 보시오."

앙리 소령은 편지를 받아들었다. 앙리 소령은 자기가 어디를 바꿨는지 찾지 못했다. 당연했다. 그 편지는 처음부터 끝까지 앙리 소령이 쓴 것이기 때문이었다.

"생각이…… 잘 나지 않습니다만…… 마지막 문장을 조금……."

"거짓말하지 마시오!"

국방부장관이 책상을 내리치며 소리쳤다.

"이 편지 자체가 가짜잖소! 처음부터 끝까지 다!"

모래 탑이 무너지듯 모든 것이 순식간에 무너져 내렸다. 앙리 소령은 즉시 체포되었다. 곧이어 공스 장군과 참모총장은 자리를 내놓았다.

신문에는 아래와 같은 짤막한 기사가 실렸다.

국방부장관실은 드레퓌스 사건을 재조사하는 중 앙리 소령이 증거를 조작했음을 밝혀냈다. 앙리 소령 역시 이 사실을 자백했다. 국방부장관은 즉각 앙리 소령을 체포했다.

이 기사가 신문에 실리던 날, 앙리 소령은 감옥 안에서 자살을 했다.

9화
드레퓌스 대위

　불볕 같은 태양이 자그마한 돌감옥을 달구고 있었다.
　드레퓌스는 딱딱한 침대 위에 환자처럼 누워 있었다. 드레퓌스는 완전히 다른 사람이 되어 있었다. 당당했던 몸은 깡말라 버렸고, 자신만만하던 눈빛은 텅 빈 듯 했다. 쇠사슬이 감긴 발목에서는 피고름이 흘러내렸다. 옷은 다 떨어져 너덜너덜했다.
　드레퓌스에게는 대화가 허락되지 않았다. 문만 열면 바다가 펼쳐져 있었으나 바다를 보는 것조차 허락되지 않았다. 지난 5년이 매일 그랬다. 그 지옥 같은 시간이 드레퓌스를 이토록 다른 사람으로 만들어버린 것이다. 드레퓌스는 죽음을 앞둔 환자처럼 시들어가고 있었다.

돌감옥 저 너머에서 낯선 소리들이 들려왔다. 배가 도착하는 소리였다. 하지만 드레퓌스는 관심이 없었다. 그저 새로운 경비병들이 온 모양이라고 생각할 뿐이었다.

발걸음 소리는 돌감옥 앞에서 멈췄다.

"참모본부에서 온 연락병입니다. 드레퓌스 대위를 만나러 왔습니다."

드레퓌스 대위? 대위라고? 드레퓌스는 침대에 누운 채 자신의 귀를 의심했다. 그는 몸을 일으켰다. 그리고 육중한 감방 문을 물끄러미 쳐다보았다.

철컥.

자물쇠 열리는 소리가 들리더니 거짓말처럼 문이 열렸다.

연락병이 감방 안으로 들어왔다.

"알프레드 드레퓌스 대위께 국방부장관실의 명령서를 전하러 왔습니다."

드레퓌스는 연락병 앞에 섰다. 그리고 느리지만 단호한 몸짓으로 차렷 자세를 취했다. 연락병은 드레퓌스에게 신속히 명령서를 내밀었다.

"알프레드 드레퓌스 대위. 귀관의 간첩 혐의에 대한 재판이 다시 열리게 되었음을 알린다. 이 명령서를 받는 즉시 출발하도록."

드레퓌스는 믿을 수 없다는 눈빛으로 명령서를 받아들었다. 그는 떠듬떠듬 명령서를 읽었다. 틀림없는 진짜였다.

드레퓌스는 고개를 들어 감방 문을 쳐다보았다. 지난 5년간 굳게 닫혀 있던 문이 활짝 열려 있었다. 드레퓌스는 명령서를 든 채 감방 문을 나왔다. 경비병 대기실을 지나 돌 감옥 밖으로 나왔다.

드넓은 바다가 펼쳐져 있었다.

드레퓌스는 팔을 벌렸다. 바람이 드레퓌스의 몸을 휘감았다. 그제야 드레퓌스의 뺨 위로 한줄기 눈물이 흘러내렸다.

드레퓌스는 명령서에 얼굴을 파묻은 채 꺽꺽 울었다. 땅에 무릎을 꿇은 채 하염없이 울음을 토해냈다. 다시는 되찾을 수 없을 것 같은 자유였다. 다시는 되찾을 수 없을 것 같은 삶이었다.

드레퓌스는 그렇게 다시 푸른 하늘 아래 있었다.

에필로그

저녁 무렵이었다.

에밀 졸라는 뒷짐을 진 채 조용히 창밖을 바라보고 있었다. 희미한 가스등 아래로 마차 한 대가 밤거리를 울리며 지나갔다. 여느 때와 다름없는 프랑스의 평온한 저녁 풍경이었다.

모든 것이 제자리로 돌아왔다. 드레퓌스는 자유의 몸이 되었고, 피카르 중령도 군대로 돌아왔다. 결국 정의가 이긴 것이다.

"당신이 무슨 생각을 하는지 내가 맞춰볼까요?"

아내가 졸라의 팔짱을 끼며 말했다.

"그 힘겨운 싸움을 어떻게 이겨냈을까? 꿈만 같구나. 맞죠?"

졸라는 빙긋 웃었다.

"틀렸는걸."

"틀렸다고요? 그럼 무슨 생각을 하고 있었는데요?"

"책을 쓰고 싶다는 생각을 하고 있었소."

"뭐예요. 그건 늘 하는 생각이잖아요."

아내는 장난스레 졸라의 팔을 꼬집었다. 졸라는 잠시 아무 말 없이 창밖을 우두커니 바라보았다. 그리고 말했다.

"물론 기쁘오. 힘겨운 싸움의 보상을 이미 다 받았잖소. 누명을 쓴 사람을 구했다는 것, 그 사람이 프랑스의 하늘 아래에서 자유롭게 살아가고 있다는 것이 더 할 나위 없이 기쁘다오. 하지만 말이오. 싸움은 끝나지 않았소."

"네?"

"드레퓌스 사건이 나를 일깨워줬어요. 정의를 실현하고 지키는 싸움은 끝날 수 없다는 것 말이오. 불의에 맞서는 끝없는 싸움이 정의를 지키고 만들어낸다는 것 말이오."

아내가 졸라의 손을 꼭 잡으며 물었다.

"그래서 이번엔 어떤 글을 쓸 거예요?"

졸라는 아내의 손을 힘주어 잡으며 대답했다.

"오직 진실, 진실을 쓸 생각이오."

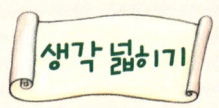

정념이 사회 환경 속에서
어떻게 작용하지를 실험으로 보여준다?

　에밀 졸라는 소설가이기 이전에 저널리스트였습니다. 저널리스트는 사실을 다룹니다. 다양한 사실들이 넘쳐나는 사건 속에서 사회의 민낯을 발견하는 것, 그것이 그들에 책무이겠지요. 에밀 졸라는 자신이 속한 사회에 관심이 있었고, 소설가가 된 뒤에 그러한 탐구를 민중, 상인 부르주아, 상류사회로 자연스럽게 옮겼습니다. 그는 사회를 바라보는 나름의 시각이 있었을 것이고, 그 민낯과 진실을 사람들에게 보여주고자 글을 썼습니다.

　그러한 믿음에서 나온 것이 그의 대표작인 앞서 말하기도 한 〈루공 마카르〉 시리즈입니다. 〈루공 마카르〉 시리즈는 졸라가 28

부르주아 | 중세 유럽에서 전통적인 계급인 성직자, 귀족 이외 중산 계급을 형성한 시민. 근대 사회에 들어선 자본가 계급을 지칭했다. 돈이 많은 사람을 속되게 이를 때 쓰기도 한다.

세인 1868년경부터 구상을 시작해 1871년 〈루공가의 운명〉을 쓰고 매년 1권 정도씩 발표해, 1893년에 제20권인 〈파스칼 박사〉를 마지막으로 끝을 맺습니다. 이 시리즈는 프랑스 제2제정을 배경으로 한 가문의 역사를 통해 인간과 사회의 모습을 보여줍니다. 아데라이드 푸크라는 여성이 정원사 루공, 밀렵꾼 마카르와의 사이에서 낳은 자식들과 그 후손들의 관한 이야기입니다. 몇 세대에 걸친 이야기로 20권이라는 책의 수만큼 방대하고 다채롭습니다.

〈루공 마카르〉 시리즈에는 각종 직업들과 다양한 인간 군상이 나오고, 그 이야기도 매우 극적입니다. 한 가족의 역사를 통해 비친 사회의 모습은 날 것에 가까웠습니다. 보통선거를 유지했지만 민주주의 제도와는 거리가 멀었던 프랑스 제2제정은 혼란스러운 사회였습니다. 나폴레옹 3세에 의해 제정된 1852년 헌법은 거의 독재로 군사, 외교, 행정, 사법의 권한을 황제가 독점했습니다. 100여 년 전 루이 16세를 단두대에 올리고, 수많은 사람들이 참여했던 시민혁명을 경험한 프랑스에서 말이죠. 그 이후 자유의 물결과 생활환경이 열악한 노동자들을 중심으로 저항이 일고, 전쟁에서 패한 제정은 붕괴합니다. 졸라는 이러한 혼란스런 시대에 다

프랑스 제2제정 | 1852년 12월 나폴레옹 3세가 황제로 즉위해 1870년 퇴위할 때까지의 프랑스의 한 시대를 구분하는 말이다. 이 시기 프랑스는 독재에 가까웠고, 산업혁명이 활발히 진행되었다. 하지만 전쟁 위협 속에서 결국 독일에 패함으로써, 제2제정은 끝났다.

양한 사회 계층의 모습에 집중합니다.

그는 생물학자나 클로드 베르나르 같은 의학자에 의지해 유전에 집중하는 '실험 소설'이라는 방법을 찾았습니다. 아델라이드가 앓고 있는 광기, 마카르의 게으름과 알코올 중독증은 세대에서 세대로 전해지는데, 졸라는 이를 바라보고 적었습니다. "짧게 말해 우리는 정념이 사회 환경 속에서 어떻게 작용하지를 실험으로 보여주는 실험적 모럴리스트다" 이 선언은 그가 실험 소설가라는 점을 암시합니다.

인간과 사회, 그 깊은 심연을 보여주고자 했던 졸라, 그의 작품은 지금 우리 사회에도 새롭게 태어나며 움직이고 있습니다.

클로드 베르나르 | 프랑스의 생리학자이다. 희극을 쓰고 어느 정도 성공하자 극작가가 되리라 결심하였으나 단념하고, 파리 의과대학에 들어가 의학을 공부했다. 간의 생리 작용 등 많은 연구 실적을 올렸고, 실험 의학을 창시했다. 저서인 《실험의학서설》은 실험 생물학의 방법론에 관한 것으로 사상계에까지도 많은 영향을 끼쳤다.

모럴리스트 | 16세기부터 18세기에 프랑스에서 인간성과 인간이 살아가는 법을 탐구해 이것을 수필이나 단편적인 글로 표현한 문필가를 이르는 말이다. 몽테뉴, 파스칼, 라브뤼예르 등이 이에 속한다.

**에밀 졸라 씨,
진실이란 무엇인가요?**

초판 1쇄 인쇄 2014년 8월 15일 **초판 1쇄 발행** 2014년 8월 18일

지은이 최승필 **그린이** 이일선
대   표 김영재·정대진 **발행인** 이세경
편집장 양인모 **마케팅** 현석호
발행처 책마루
주   소 서울 금천구 벚꽃로 18길 36(독산동 1002) 진도1차 806호(본사)
         서울 강남구 봉은사로 129-1(논현동 751빌딩) 802-8호(편집실)
전   화 02-445-9513 **팩   스** 02-445-4513
이메일 book@bookmaru.org **웹** www.bookmaru.org
트위터 @bookmaru9513 **디자인** 캠프커뮤니케이션즈

ISBN 978-89-98553-08-1 73160

- 잘못된 책은 구입한 서점에서 바꿔 드립니다.
- 이 책에 실린 모든 내용, 디자인, 편집 구성의 저작권은 책마루에 있습니다.
  허락 없이 복제하거나 다른 매체에 옮겨 실을 수 없습니다.
- 눈이깊은아이는 책마루의 임프린트입니다.

이 도서의 국립중앙도서관 출판시도서목록(CIP)은 서지정보유통지원시스템 홈페이지(http://seoji.nl.go.kr)와
국가자료공동목록시스템(http://www.nl.go.kr/kolisnet)에서 이용하실 수 있습니다.(CIP제어번호: CIP2014022794)